LA RIQUEZA DE SER MUJER
Antropología, maternidad y consagración

COLECCIÓN NUEVA ALIANZA
190

ENRICA ROSANNA

LA RIQUEZA DE SER MUJER

Antropología, maternidad y consagración

EDICIONES SÍGUEME
SALAMANCA
2004

A mamá Ángela

Cubierta e ilustraciones realizadas por Christian Hugo Martín

Traducción de José Manuel Bernal
del original italiano *Donne per il terzo millennio, problema o risorsa?*

© Enrica Rosanna, 2004
© Ediciones Sígueme S.A.U., 2004
  C/ García Tejado, 23-27 - E-37007 Salamanca / España
  Tlf: (34) 923 218 203 - Fax: (34) 923 270 563
  e.mail: ediciones@sigueme.es
  www.sigueme.es

ISBN: 84-301-1537-4
Depósito legal: S. 1.089-2004
Impreso en España / Unión Europea
Imprime: Gráficas Varona S.A.
Polígono El Montalvo, Salamanca 2004

CONTENIDO

Introducción 11

1. Repensar los fundamentos de la cuestión femenina . 13
   1. Teorías sobre la cuestión femenina 17
   2. Las Conferencias internacionales sobre la mujer . 21
   3. Los movimientos de mujeres 26
   4. Hacia una sociedad a dos voces 29
      a) *Mainstreaming* y *empowerment* 30
      b) Remodelar a dos voces la convivencia humana 33
      c) Hacia una cultura del poder entendido como servicio 35

2. Educadoras por ser madres, madres por ser educadoras 39
   1. El desafío del mundo globalizado 42
   2. Radiografía del mundo juvenil 45
   3. Un estilo de educación 54
   4. Un profeta para los jóvenes 59

3. Un futuro bajo el signo del «genio femenino» 65
   1. El genio de la mujer 69
   2. El horizonte de los fundamentos 72
   3. La maternidad 78

4. Ser madre en el tercer milenio, o el arte de «hacerse cargo de los otros» 85
   1. El arte de «hacerse cargo de los otros» 88
   2. El símbolo de la maternidad 93

5. La vida consagrada femenina y el tema de la mujer: una elección radical para el futuro 101
   1. Decirse y pensarse en femenino 105
   2. Comprometerse en el horizonte del ser y del implicarse 109

Epílogo: «El futuro tiene un corazón viejo. El corazón viejo tiene un futuro» 115
   1. La preocupación por cuidar de los otros 116
   2. Ser madre 119

Bibliografía de la autora sobre el tema de la mujer 123

CARACOLA DE ARCANO MAR

por Maria Pia Giudici

Justo ahora que sobre la playa desierta
el viento de tramontana
azota dunas inconsistentes,
de perla henchida, una caracola se abre
a la claridad de la luna.
Si la acercas, como présago, al oído,
en vivo murmullo te confesará
el respirar tranquilo y profundo
del mar.

Un corazón de mujer
que mucho ha amado, orado, sufrido,
tú no te lo acercas en vano.
Al oído del alma,
caracola de arcano mar,
siempre
te susurra el canto,
te entrega, insomne,
incluso sin saberlo,
el eco del infinito.

INTRODUCCIÓN

«Las auroras reciben siempre su paga al atardecer».

He elegido esta frase de Karl Rahner para introducir las páginas de este libro, una publicación sobre la mujer, escrita por una mujer, dedicada a «mamá Ángela», una madre feliz de seis hijos. ¿Por qué? Para engendrar la vida hay que darla, sin por ello pretender ser héroes. Es la lógica de la semilla que se convierte en grano; una lógica que vale para la naturaleza, para cada uno de nosotros, para la historia, incluso para el tiempo presente; lógica que subyace en cada una de las páginas de esta publicación.

Sin embargo, he encontrado una dificultad al redactar este libro: la de sentirme personal y absolutamente implicada en lo que he escrito; soy una mujer, una mujer consagrada, entregada desde hace años al tema de la mujer. Corro el riesgo de ser parte, inclinando así mi reflexión hacia los aspectos «positivos» del tema feminista y dejando un poco de lado los problemas. He intentado a toda costa superar este riesgo evitando, al mismo tiempo, los estereotipos sobre la mujer. Mi elección en favor de los activos que la mujer atesora ya está tomada; quiero desarrollar sus riquezas, pero a partir de las dificultades experimentadas por las mujeres de hoy, de ayer y de siempre.

Cuántas veces he meditado a partir de las mujeres del evangelio el paradigma de las mujeres de todos los tiempos. Al iniciar este volumen desearía dirigirme a ellas como una hermana: si eres una madre que llora a sus hijos asesinados, violentados en su cuerpo y en su alma; si eres una mujer a quien han robado la dignidad, ¡recuerda que Jesús no tuvo enemigos entre las mujeres! Reconócete a ti misma en la mujer desconocida que bañó de lágrimas los pies del Mesías y los secó con sus cabellos; en Marta, la hermana de Lázaro, que ante la muerte confesó su fe en la resurrección del Dios vivo; en la Verónica, que en el camino del Calvario liberó el rostro del más hermoso de los hombres de la máscara de sudor, sangre y salivazos. Piensa en María, la dolorosa dulce Madre del crucificado, que «estaba» con Juan en el Calvario. Ella, la Madre, y Juan, el discípulo amado, encomendados el uno al otro, en la inmensa comunión que hace de todos nosotros hijos suyos y de ella nuestra madre.

Magdalena, Marta, Verónica..., las mujeres del evangelio, prototipo de tantas mujeres y madres, jóvenes y ancianas, cultas e iletradas, sencillas y cargadas de responsabilidades sociales, que me han ayudado a reflexionar y a redactar estas páginas con un estilo que sabe a conversación, que evoca el «lenguaje hablado», la familiaridad, el diálogo.

Un impulso significativo para la redacción me ha venido de parte de ese gran profeta de nuestro tiempo que es Juan Pablo II, a quien debemos muchas intervenciones sobre la mujer, en especial la *Mulieris dignitatem* y la *Carta a las mujeres*, dos escritos para meditar y para encarnar en la vida no sólo por las mujeres, sino también por los hombres y a nivel institucional.

Un referente y una convicción conducen todas las reflexiones que han ido surgiendo poco a poco. El *referente*: la maternidad, el más alto símbolo que la naturaleza nos ofrece respecto al cuidado de la vida que se va desarrollando, la solicitud por la comunión, la gestión de la responsabilidad. La *convicción*: los valores etiquetados como feministas, que o se convierten en valores humanos o la humanidad fracasará.

1
REPENSAR LOS FUNDAMENTOS DE LA CUESTIÓN FEMENINA

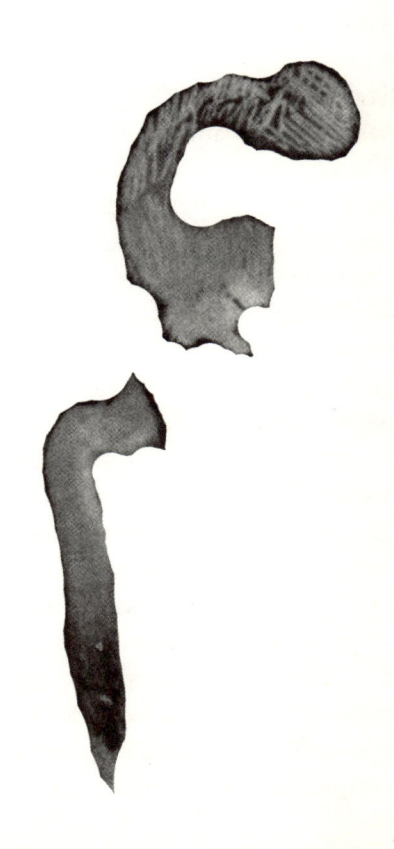

REPENSAR LOS FUNDAMENTOS DE LA CUESTIÓN FEMENINA

> El ojo ve solamente la arena
> mas el corazón iluminado
> es capaz de ver
> el confín del desierto
> y la tierra fértil.

Este proverbio oriental expresa el espíritu con el que afronto el tema apasionante y trabajoso de la «cuestión femenina» en sus raíces. Quiero abordarlo con un corazón humilde y sin prejuicios para acercarme a la tierra fértil de una nueva era de la humanidad, en la que la mujer –todas las mujeres del mundo– sean plenamente respetadas en su dignidad, vocación y misión.

Para hacer realidad la profecía de este futuro es obligatorio recorrer de nuevo el camino. La historia de la mujer, en efecto, condiciona y enriquece las vivencias de las mujeres de hoy, hijas de esta historia sufrida y espléndida. La perspectiva para adentrarse en este viaje al pasado puede ser diversa. Apoyándome en mi formación cultural, prefiero la óptica sociológica, aunque reconozco la dificultad que entraña; y apoyándome en mi experiencia de mujer consagrada, dedicada a la educación de las jóvenes, completo mi análisis con las reflexiones que poco a poco he ido interiorizando a lo largo de mi quehacer diario.

Existen en la actualidad numerosas publicaciones sociológicas sobre la mujer que, sin embargo, se encuentran en gran medida condicionadas ideológicamente. Por este motivo, más que ayudar a una profundización seria del problema en cuestión, favorecen el mantenimiento de estereotipos y prejuicios.

El trabajo, por tanto, se presenta arduo por muchas razones. Ante todo, por la disciplina sociológica en cuanto tal, actualmente en fase de revisión crítica tanto desde el punto de vista metodológico como del contenido; por la complejidad de la cuestión femenina, en sí y en relación con el contexto socio-cultural en el que se sitúa; por la relevancia de las cuestiones sobre la mujer dentro de la actuación socio-política y, en concreto, de los intereses de cada partido. También hacen difícil el estudio la obviedad y los estereotipos sobre la mujer, que caracterizan la mentalidad corriente de hombres y mujeres y han penetrado en la cultura, condicionando instituciones, modelos de comportamiento, costumbres, funciones a desempeñar, cambios sociales y, a veces, hasta las mismas leyes.

A pesar de todo esto, me animo a mí misma a *perseverar*, confortada por aquellas palabras del *Eclesiástico*: «No escatiméis dinero en adquirir instrucción, pues en ella encontraréis oro en abundancia» (Eclo 51, 28).

Volviendo a las raíces, deseo centrar mi *reflexión* sobre la historia de la cuestión femenina especialmente en lo que se refiere a la relación hombre/mujer, que me parece el punto central del problema, para lo cual lo estructuraré a partir de tres coordenadas: los intentos de análisis teórico del problema en cuestión y las conclusiones de los encuentros internacionales; las reflexiones y las conquistas alcanzadas dentro de los distintos movimientos; la propuesta, en último término, de una hipótesis: la consecución de una sociedad «a dos voces».

1. Teorías sobre la cuestión femenina

Los estudios sociológicos sobre la cuestión femenina se sitúan especialmente en el ámbito de las teorías sobre la sociedad en su conjunto que han caracterizado a la joven historia de las disciplinas sociológicas, aun cuando en ese marco disponen de un espacio muy reducido. Los sociólogos clásicos –desde August Comte a Emile Durkheim, desde Max Weber a Wilfredo Pareto o Talcott Parsons– han compartido respecto a la cuestión femenina, en mayor o menor medida, los estereotipos culturales de su tiempo, quedando la sociología, por un lado, como una ciencia de la sociedad masculina y, por otro, como una ciencia masculina de la sociedad. Sólo recientemente se ha comenzado a hablar de una sociología de la mujer, bien es cierto que son ya numerosas las investigaciones en este terreno.

Por cuanto se refiere al problema específico de las relaciones hombre-mujer, casi completamente ausente de modo explícito incluso en las investigaciones, las teorías clásicas ofrecen algunos resultados sobre los que vale la pena detenerse, aunque sea brevemente.

En las obras de Comte, Spencer, Durkheim, Simmel, Tonnies, Tarde sobre la sociedad global, las funciones familiares y sociales de cada miembro de la pareja están determinadas por la naturaleza. Al hombre se le asigna el papel instrumental (el trabajo y el ejercicio del poder); a la mujer, en cambio, se le atribuye la función expresiva (educar a los hijos y cuidar de la casa).

La reducción del papel femenino a la función expresiva viene asumida y reconsiderada, si bien por motivaciones distintas, por parte del *estructural-funcionalismo*, particularmente por Talcott Parsons y Robert Bales. Los dos autores, de origen estadounidense, afrontan la problemática femenina dentro del grupo familiar y asignan a la mujer y al hombre dos funciones complementarias (expresivo para una e instrumental para el otro) según la ley general del liderazgo que regula la estructura y el funcionamiento de los pequeños grupos. Estos grupos justifican la atribución de la función instrumental al hombre y de la expresiva a la mujer tomando como punto de partida sus características biológicas, que permiten orientarse primordialmente hacia el ámbito exterior (la organización social, el trabajo, el poder) o hacia el espacio interior (la dirección de la casa, la socialización de los hijos).

Si nos referimos en concreto a la jerarquía de las relaciones hombre-mujer, los dos autores citados asignan mayor poder al hombre respecto de la mujer y una relación complementaria de funciones. La subordinación de la mujer y la función expresiva jugada por ella en la familia garantizan el equilibrio, la armonía, la unidad familiar, que se proyectan posteriormente al conjunto de la sociedad.

En esta visión de equilibrio social, que caracteriza a la totalidad del engranaje sociológico estructural-funcionalista, se concede naturalmente la mayor importancia a la realización de la complementariedad y, por consiguiente, a la necesidad de que la mujer sea salvaguardada de la tentación de insertarse socialmente en el ámbito del trabajo o del poder, y sea mantenida, en cambio, en la potenciación de su función expresiva, con objeto de que la armonía familiar y social sea cada vez más plena.

En una perspectiva diferente hay que situar, sin embargo, a la *tradición marxista*, como continuadora de las afirmaciones de Karl Marx y de Friedrich Engels. Ambos pensadores denuncian la situación subordinada de la mujer respecto al varón en el núcleo medular de la familia, y hacen remontar dicha subordinación al paso del feudalismo al capitalismo y al nacimiento de la clase burguesa y del proletariado. Ha sido con la llegada del capitalismo cuando la mujer se ha visto confinada al ámbito de la familia y por tanto a una situación de subordinación respecto al varón, ya que fue marginada del trabajo basado en los valores del intercambio. De ahí se sigue que la mujer podrá salir de su situación de dependencia, es decir, podrá emanciparse, a través de su inserción en el proceso productivo que le da la posibilidad de contribuir al progreso de la sociedad, la hace independiente del hombre y la introduce, en paridad de derechos y deberes con el varón, en la comunidad social.

En una perspectiva también distinta se sitúan las *propuestas radicales*, ligadas a las teorías de la sociología crítica de la sociedad. Partiendo del análisis de los fenómenos de explotación de la mujer en el ámbito económico, político, social, familiar –siguiendo la línea radical–, se llega a determinar que ha sido en la opresión entre los sexos donde resulta posible hallar el origen de toda explotación: quien oprime a la mujer no es el sistema sino el hombre. De lo cual se sigue que la lucha por la liberación de la mujer está *marcada* por la rebelión frente al varón y por tanto frente a la sociedad machista que él ha construido y frente a la familia, institución fundamental de esta sociedad. Lucha por la liberación de la mujer y lucha por la liberación de la sociedad se convierten así en un único proyecto; más aún, la lucha por la liberación femenina es el paradigma para el cambio socio-cultural total.

Cabe preguntarse entonces por la influencia que han tenido las teorías sociológicas respecto a la orientación de los movimientos en favor de la mujer y respecto al nacimiento de una sociología de la mujer.

Ni la sociología clásica ni el estructural-funcionalismo se han planteado directamente el problema de la emancipación de la mujer; más aún, el término *emancipación* no ha sido nunca utilizado por los autores de las distintas corrientes. A mi juicio, las teorías estructural-funcionalistas podrían llevar a suponer una emancipación entendida como propuesta de una especialización cada vez mayor de la función propia de la mujer, la afectiva precisamente, para que la complementariedad con el hombre resulte cada vez más plena y el equilibrio social siempre más alcanzable. Por el contrario, la tradición marxista conduciría a atribuir a las estructuras económicas una capacidad liberadora y a presagiar una emancipación de la mujer a través de su incorporación al mundo del trabajo productivo.

Para el neosociologismo, por último, la mujer, toda mujer, debería comprometerse personalmente en la lucha por un proceso de liberación que conduzca a la supresión de la división jerárquica de las funciones sexuales y al rechazo de la división social del trabajo.

Preguntémonos una vez más: ¿Es posible suponer una sociología de la mujer? Parece que hoy resulta todavía prematuro, aun cuando no utópico, declarar que ello es factible. Y ello a pesar de que se están dando algunas condiciones favorables al respecto: el cambio metodológico de la sociología, la maduración científica de los estudios sobre la mujer, el estatus y el papel adquirido por la mujer en algunas instituciones de la sociedad.

La primera condición favorable para el nacimiento de una sociología de la mujer pudiera ser el cambio metodológico de la sociología, caracterizado por el paso de las teorías globales sobre la sociedad a las teorías sobre grupos específicos e instituciones (familia, escuela, partido, iglesia, etc.); en segundo lugar, pasar del estudio centrado en el análisis de las estructuras al que se ocupa preferentemente del funcionamiento de las mismas; de la utilización exclusiva del método cuantitativo a la integración del método cuantitativo con el cualitativo, especialmente respecto a las historias de vida y el análisis de redes.

Pueden contribuir a la consecución de este objetivo algunas publicaciones de vanguardia sobre la cuestión feminista, producidas después de la contestación del 68, como las de Evelyne Sullerot, Betty Friedan, Simone de Beauvoir, por citar solamente los nombres más conocidos; las numerosas iniciativas realizadas por las mujeres a través de grupos, movimientos, asociaciones; el estudio y las investigaciones llevadas a cabo por las mismas mujeres, en particular por el movimiento *Women's studies*.

2. *Las Conferencias internacionales sobre la mujer*

Entre los acontecimientos internacionales que han ayudado ampliamente a que madurase el tema feminista tomando conciencia de él, estudiándolo, presentando intervenciones socio-políticas en favor de la mujer, y que han marcado incluso las etapas del desafío que las mujeres lanzan hoy a la sociedad civil en todos los países, merecen una atención especial: el Año Internacional de la mujer (1975); las Conferencias mundiales sobre la mujer organizadas por la ONU en Ciudad de México (1975), Copenhague (1980), Nairobi (1985) y Pekín (1995); el Decenio de las mujeres (1975-1985); la Conferencia de Río de Janeiro (1972); la Conferencia de Viena (1993); la Conferencia de El Cairo (1994).

¿Cuáles son los puntos cruciales que en estos encuentros se han abordado y cuáles las perspectivas ofrecidas especialmente en lo referente a la relación hombre-mujer? En la *Conferencia de Río de Janeiro* (1972) sobre medio ambiente y desarrollo se trataron problemáticas referentes a la mujer en relación con el desarrollo y con la salvaguarda del medio ambiente. En la «Declaración final» de dicho encuentro, en el artículo 20, se afirma: «Las mujeres tienen una función vital en la gestión del medio ambiente y del desarrollo. Su plena participación es, por tanto, esencial para la realización de un desarrollo sostenible».

Con la convocatoria del *Año Internacional de la mujer* (1975) se movilizaron fuerzas políticas, sociales, religiosas y culturales con la finalidad de intensificar las acciones encaminadas a eliminar las discriminaciones que afectan a la mujer, estimular la paridad entre hombre y mujer, garantizar la participación de las mujeres en las iniciativas para el desarrollo global, e incrementar y valorar la contribución de las mujeres a favor de la paz. Para el decenio se propuso un programa de actividades relativas a los ámbitos de la igualdad, el desarrollo y la paz.

La *Conferencia sobre la mujer de Ciudad de México* (1975), la primera que trató de forma específica la cuestión feminista y que se desarrolló en un ambiente de feminismo «trasgresivo», significó el momento más relevante y compartido de la identificación y toma de conciencia de las discriminaciones entre hombre y mujer, en las esferas privada y pública, personal e institucional, nacional e internacional, aun cuando las problemáticas propuestas a debate, estando más bien dirigidas a las cuestiones referentes a la igualdad entre el hombre y la mujer, no llegaron a abordar el complejo tema de la diferencia.

Durante el *Decenio de las Naciones Unidas para la Mujer* (1975-1985), que arranca con la Conferencia de Ciudad de México, fue enviado a todos los gobiernos un programa en el que se solicitaba la adopción de medidas oportunas para asegurar, sobre bases de paridad efectiva con el hombre, la participación de las mujeres en la vida política, económica, social y cultural, incluso en la toma de decisiones a todos los niveles.

En la *Conferencia de Copenhague* (1980), después de un quinquenio de profundización sobre la toma de conciencia madurada en Ciudad de México y de experiencias concretas de «igualdad», surgieron las primeras indicaciones referentes al problema de la diferencia entre hombre y mujer; se reforzaba de esta manera la así denominada fase «institucional», que en 1979 había llevado a 57 países a firmar una Convención sobre los derechos de las mujeres y sobre las políticas para hacer frente a las discriminaciones sufridas por ellas. Al tratar el problema del desarrollo, la Conferencia puso el acento en la vinculación entre institución y desarrollo, subrayando que la tasa de analfabetismo afecta principalmente a las mujeres, las cuales son con frecuencia «las más pobres entre los pobres». A este respecto, en la Declaración final de la Conferencia se afirma no sólo la necesidad de alfabetizar a las mujeres, sino de integrarlas en el ámbito laboral en condiciones de paridad con los hombres mediante una adecuada formación.

En la *Conferencia de Nairobi* (1985) se continuó la reflexión sobre los derechos y sobre las discriminaciones de las mujeres. Después de una puesta en común sobre las conquistas realizadas a favor de las mujeres, que puso de manifiesto las discriminaciones que todavía persisten en muchos lugares, se presentaron, compartieron y discutieron las estrategias futuras encaminadas a hacer operativas las propuestas legislativas en favor de las mujeres, promovidas ya en las conferencias anteriores, pero desatendidas todavía en muchos países.

En la *Conferencia de Viena* sobre los derechos humanos (1993) se afirmó que los derechos de la mujer son parte integrante de los derechos humanos y se indicó que las mujeres son «agentes y beneficiarias del desarrollo». Se puso de relieve también la necesidad de combatir cualquier forma de violencia contra las mujeres, tanto pública como privada; abolir cualquier forma de discriminación incluso indirecta; facilitar el acceso de las mujeres a la vida pública, y reforzar los mecanismos de control en el ámbito internacional para que en cada país sean respetados y promovidos los derechos de las mujeres.

En la *Conferencia de El Cairo* sobre «Población y desarrollo» (1994) los temas referentes a la mujer ocuparon una buena parte de la discusión y de las controversias. Con relación al desarrollo, se afirmó que la mujer tiene derecho a un obligado y adecuado espacio; eso significa que las mujeres tienen derecho a disfrutar de las mismas oportunidades en educación, en asistencia médica, en la elección del trabajo y en las oportunidades de empleo. Algunos de los puntos más discutidos y controvertidos se centraron en la inclusión del aborto entre los componentes de la asistencia en el marco de la sanidad reproductiva, la identidad y la función de la familia, y la sexualidad.

En la *Conferencia de Pekín* (1995) se retomaron los temas de las conferencias anteriores, asumidos de alguna manera en el lema: «Acción para la igualdad, el desarrollo y la paz». Tres conceptos clave dividen y confrontan especialmente a las distintas Delegaciones presentes en la Conferencia, suscitando discusiones y conflictos: *gender, mainstreaming, empowerment*, principalmente a causa de las diferentes «antropologías» sostenidas (y/o no explicitadas) en los propios términos. Muchos fueron los puntos controvertidos puestos entre «paréntesis» por los distintos Estados y por las Organizaciones interpeladas, entre ellas la Santa Sede.

Los mayores problemas que acapararon las discusiones, y que se convertirán en los puntos cruciales de los planes de acción de los diferentes Gobiernos en favor de las mujeres, fueron agrupados en doce áreas referidas a las estrategias de acción: pobreza, instrucción, salud, violencia, conflictos, participación económica, participación en el poder, mecanismos nacionales e internacionales, derechos humanos, medios de comunicación, ambiente y desarrollo, y condición femenina e infantil.

Las conclusiones de Pekín lamentablemente han quedado en la actualidad un tanto al margen de cualquier consideración por parte de los Gobiernos, si bien permanecen aún vivas en el mundo cultural femenino. A pesar de ello, sería injusto considerar la Conferencia como «una ocasión perdida», máxime porque hemos llegado a algunas conclusiones comunes y sobre todo a denunciar cualquier forma de discriminación con referencia a las mujeres y a reafirmar la adhesión a todas las decisiones tomadas en presencia de la ONU buscando favorecer la verdadera igualdad entre individuos y pueblos. La Conferencia fue, además, una ocasión única para las mujeres del tercer mundo –cuyas tragedias son olvidadas con frecuencia– de hacer oír su propia voz. También se puede considerar Pekín como el lugar del nacimiento de aquel feminismo «transnacional» y «transideológico» que descubre a las mujeres de distinta extracción política, social y religiosa trabajando «juntas» con la intención de retomar aquellos puntos cruciales que –captados a partir de una profundización teórica y vivencial– impiden la verdadera valoración de todos los recursos de la humanidad, en especial de aquellos atesorados por las mujeres, que hasta ahora no han sido utilizados o han sido malamente usados o mínimamente explotados.

3. Los movimientos de mujeres

La contribución aportada por los movimientos que han marcado la historia de la mujer, particularmente la de aquellos posteriores a los años cincuenta, me parece muy significativa en lo que se refiere al enriquecimiento de la historia de la cuestión femenina, incluso teniendo en cuenta que los movimientos en sí mismos tienen preocupaciones más prácticas que teóricas. Hacer una presentación resumida de todo esto supone casi traicionarlo, dada la imposibilidad de conocer a fondo los movimientos, de trazar con exactitud los límites de unos y otros, y de identificar las comunes diferencias y coincidencias, en la medida en que cada movimiento posee un marco teórico característico, objetivos determinados e ideologías y estrategias de acción propias. A pesar de ello, me parece importante y fecundo intentar al menos puntualizar algunos *hitos* de su historia teniendo presente, sobre todo, la óptica de las relaciones hombre-mujer. Destaco en concreto tres: 1. la transformación de los términos utilizados; 2. la cuestión clave en torno a la cual se han agrupado los movimientos; y 3. los objetivos que han perseguido.

1. Respecto a la *terminología* utilizada, el examen del *excursus* histórico de los movimientos pone de relieve el cambio progresivo de la misma (es importante resaltar esto, puesto que detrás de cada palabra se esconden un objetivo, una toma de posición, un desarrollo teórico). Se pasa gradualmente del uso del término genérico *mujer* al término más abstracto de *condición de la mujer* o *condición femenina*, o al más concreto de *mujeres* como categoría propia distinta de la de *hombres*, o al de *mujer-persona humana*, en el que se subraya especialmente la relación con el hombre y la sociedad.

Se evoluciona, además, del *feminismo tout-court*, entendido como el conjunto de todos los movimientos que reivindican derechos para las mujeres, a *los feminismos*, como pluralidad de movimientos fuertemente diferenciados por acervo teórico, objetivos, ideologías y medios de acción, clasificables preferentemente en orientaciones: las que están centradas en el problema femenino en sí y las de aquellos que hacen del problema femenino un aspecto peculiar de una problemática socio-cultural más compleja. También se encuentran *los movimientos de las mujeres*, entendidos como grupos concretos de mujeres integrados a niveles distintos y por motivos diferentes en las instituciones, o bien como organizaciones intermedias de mujeres, que actúan en nombre propio o como formando parte de un conglomerado ideológico en la sociedad, o bien como grupos informales de mujeres creados para responder a una necesidad social.

2. Respecto a las *problemáticas* en torno a las cuales se han agrupado los distintos movimientos, ofreciendo pistas de reflexión y experiencias, es interesante poner de relieve que éstos han cristalizado alrededor de algunas cuestiones centrales como el cuerpo, el trabajo, la palabra o el poder:

—El *cuerpo*. En este ámbito se sitúan algunos de los debates más encarnizados de los movimientos: la contracepción, el aborto, la pornografía, la maternidad, la violencia, la salud, la minusvalía, por no señalar sino los más relevantes.

—El *trabajo*. El término indica el ámbito en el que se ubican los problemas de la discriminación sexual en el mundo del trabajo o de los estudios universitarios, el acceso diferenciado (entre hombres y mujeres) a la educación, los problemas de la relación entre trabajo doméstico y trabajo profesional (problema del doble trabajo), la paridad de retribución, el paro juvenil y el trabajo clandestino, la jubilación.

—La *palabra*. Es justamente con la palabra como las mujeres han presentado sus reivindicaciones y obtenido algunas mejoras en su condición. Esta palabra ha sido expresada de formas muy diversas: desde publicaciones a congresos y encuentros, desde espectáculos a películas, desde grupos de investigación a asociaciones, desde cursos hasta planes de estudio.

—El *poder*. Una de las consecuencias de su reivindicación ha consistido en replantear el poder masculino en todos los niveles. Por ello, tanto el poder en sí mismo (*empowerment*) como el del punto de vista de las mujeres (*mainstreaming*) son temas significativos y todavía abiertos en los ámbitos político, social, eclesial, incluso desde el punto de vista de la reflexión y del estudio.

3. Finalmente, por lo que se refiere a las *reivindicaciones* y a las *propuestas* sobre las relaciones hombre-mujer, los distintos movimientos se han agrupado en varias categorías según los objetivos propuestos: la igualdad, la separación o la integración.

Movimientos de *igualdad*: las mujeres pretenden ser como los hombres, es decir, tener los mismos derechos, funciones y posición social. No protestan contra el orden social establecido, sino que denuncian las injusticias y las esclavitudes padecidas, y pretenden eliminarlas intentando que sean desenmascarados los estereotipos. Propugnan la igualdad entre hombres y mujeres utilizando medios de presión preferentemente políticos.

Movimientos de *separación*: las mujeres se manifiestan contra los hombres. Se oponen a la sociedad en su conjunto: a la familia, a los varones y a las otras mujeres utilizando una estrategia de conflicto que afecta a los ámbitos de la sexualidad (las mujeres son objeto de explotación sexual), de la propiedad (las mujeres son recluidas en la casa para las labores domésticas) y del trabajo (las mujeres son infravaloradas y explotadas), y reivindican una sociedad distinta en la que se asigne un mayor poder a las mujeres.

Movimientos de *integración de la igualdad y de la separación*: las mujeres quieren «estar» con los hombres. Parten del cuestionamiento de las funciones tradicionales masculinas y femeninas (instrumental para el hombre y expresiva para la mujer) para después abrir un camino de reflexión y de acción, no sólo sobre el tema de la mujer, sino también a propósito de estructuras institucionales y valores culturales. Proponen la construcción de una sociedad pluralista cuyos protagonistas son hombres y mujeres, y en la cual son respetadas tanto la igualdad como la diversidad.

4. *Hacia una sociedad a dos voces*

Me he preguntado muchas veces qué le pasaría a nuestro mundo si un buen día las mujeres decidiesen hacer huelga... Si todas las mujeres, las amas de casa, las madres, las maestras, las enfermeras, las directivas, las asistentes sociales, las religiosas, las estudiantes... Probablemente el mundo colgaría el cartel de «cerrado» y convocaría unas jornadas de reflexión mundial en torno a la riqueza «femenina», asignando sobre todo más poder a las mujeres y teniendo en cuenta su modo peculiar de ver la realidad.

Más poder sobre todo, pero ¿en qué sentido? La Conferencia internacional de Pekín ha sido la que ha puesto el acento sobre el poder reservado a las mujeres (*empowerment*), bien para subrayar la importancia de promover a la mujer en cualquier ámbito de la vida social, bien para valorar la diferencia como una riqueza, indicando que sin la plena y activa participación de las mujeres en los procesos de decisión no puede haber un desarrollo social y ecológicamente sostenible. Un poco más de poder a las mujeres comportaría, por consiguiente, una mejor distribución de los recursos entre hombres y mujeres, a la vez que una profunda transformación de las funciones y de las relaciones de género. ¿Sabrá y querrá nuestra generación de hombres y mujeres afrontar este desafío?

No se trata sólo del poder, sino también de valorar el punto de vista de las mujeres (*mainstreaming*). Ha llegado el momento de superar cualquier perspectiva sectorial (es decir, únicamente machista) en la visión del mundo e incluso de los propios problemas femeninos y, por lo mismo, de hacer explícito y valorar el punto de vista de las mujeres, como condición de auténtica reciprocidad entre hombre y mujer y como premisa para el *empowerment*. Por todo ello, ¡no es posible seguir esperando!

a) «*Mainstreaming*» y «*empowerment*»

Pasados ya más de diez años desde la última Conferencia de Pekín conviene preguntarse por las repercusiones que ella ha tenido sobre el estatus y la función de la mujer en los distintos países. Mas también conviene interrogarse sobre el punto en el que estamos respecto a la valoración de las proposiciones que allí se presentaron.

¿Es posible avanzar distintas hipótesis sobre los procesos de cambio? Más aún, ¿es posible identificar procesos de cambio efectivos que valoren el punto de vista de las mujeres concediéndoles más autoridad y poder?

Si lamentablemente la respuesta resulta todavía problemática por lo que se refiere al conjunto de la sociedad y de las políticas gubernativas, dentro del mundo femenino parece más positiva. Los ejemplos a este respecto podrían ser muchos. Algunos son emblemáticos y significativos. En estos años se ha comenzado a tejer entre las mujeres una «red» en torno a una conciencia común: la toma de conciencia de ser una riqueza y no un problema, y en varios grupos nucleares de mujeres (aunque no en todos) se ha desarrollado un gran sentido de responsabilidad de cara al mundo. Por eso algunas mujeres, individualmente o asociadas, han reforzado la solidaridad entre ellas con el fin de hacer valer sus propios derechos; se han manifestado en contra de las discriminaciones y de las vejaciones, y han exigido justicia con el fin de no luchar sólo para sí mismas, sino en favor de todos, hombres y mujeres, sin tener en cuenta la edad, la nacionalidad o la religión. Respecto a la solidaridad entre mujeres, me agrada recordar tantas iniciativas llevadas a cabo por la paz, por la vida, para abolir la pena de muerte, para dar una mayor dimensión al 8 de marzo (Día internacional de la mujer) y convertirlo en un momento de verificación, de discusión y reflexión, de creación de proyectos. Las mujeres están empujando el mundo, a hombres y mujeres, con gran determinación, a preguntarse sobre un desarrollo

31

más respetuoso de la humanidad, una humanidad uni-dual, compuesta de hombres y mujeres. No se trata ya, por tanto, de un modelo de mujer orientado a hacer más agradable la vida del hombre, ni un modelo de igualdad en el que la mujer sea educada para ser en todo igual al hombre, sino un modelo que deje un lugar también a lo que representa la mujer, a la voz femenina, para que se lleve a cabo una auténtica reciprocidad.

Si nosotras las mujeres constituimos una riqueza para la humanidad según nuestra edad, inteligencia, capacidad de aguante, fidelidad a la palabra dada, con nuestros límites y defectos... ¡cuán fecundo es el descubrimiento de esta riqueza, aunque también de nuestros límites, en el sentido de tener necesidad de los otros! Dos estudiosos del tema femenino (marido y mujer) han escrito con agudeza: «Cada mujer o cada varón, en la reciprocidad que marca la convivencia, aprenden a ser humildes y a ser limitados, la necesidad de reconocerse el uno al otro, de estimar y ser estimados, de ser, alternativamente, a veces la plenitud, a veces el vacío; a veces el activo, a veces el pasivo; a veces el discípulo, a veces el maestro [...]. Sería negativo ser siempre maestros [...]. Sería igualmente negativo ser siempre o únicamente discípulos, si eso significase que uno renuncia a sacar a la luz los tesoros escondidos que lleva en sí mismo...»[1]. Somos una fuente de recursos, de riqueza: *riqueza laboral*, que es garantía de desarrollo; *riqueza moral*, por aquellas capacidades adquiridas a lo largo de la historia y que son garantía de poder introducir en el contexto social valores para una mejor calidad de vida; *riqueza cultural*, por la capacidad de adaptación de la mujer,

---

1. G. P. di Nicola-A. Danese, *Lei e Lui. Comunicazione e reciprocitá*, Cantalupa 2002, 118.

de flexibilidad, de adecuación a la mutabilidad de las situaciones; riqueza, en definitiva, de recursos, preferentemente dirigida a «resistir a los contrarios» más que a cortar los nudos de la contradicción con la espada de la dialéctica y de la toma de decisiones. Todas estas cosas se nos revelan como auténticamente funcionales en esta época de cambio y de crisis en la que nos hallamos inmersos a causa de la fragmentación, la pérdida de un centro que nos integre y la disolución en medio de la uniformidad.

b) *Remodelar a dos voces la convivencia humana*

En numerosos estudios realizados especialmente por mujeres, se ha intentado profundizar la identidad masculina y la femenina, incluso siendo conscientes de que es imposible definir lo masculino y lo femenino de una vez para siempre, ya que cualquier definición corre el riesgo de absolutizar lo que es parcial. Por desgracia, a pesar del descubrimiento del mapa del genoma humano, la mujer y el hombre saben aún demasiado poco sobre quiénes son como hombre y como mujer. Una cosa es cierta: el cambio en la percepción de la identidad femenina ha puesto también en cuestión la identidad masculina y se hace cada vez más imperiosa la exigencia de remodelar a dos voces la cultura, el arte, la ciencia, la convivencia cotidiana.

Las conferencias mundiales sobre la mujer, los estudios, las publicaciones y los movimientos han ofrecido estímulos significativos para profundizar en la uni-dualidad, que es fundamental para derivar culturalmente la unidad en la diversidad y en la comunión de las diferencias, traduciéndolas luego en reflexiones e iniciativas inéditas y valientes. Sin embargo, el camino a recorrer en esta dirección es todavía largo. La reciprocidad hombre-mujer, que es una instancia fundada en el estatuto ontológico de la persona humana en sus dos vertientes masculina y femenina, requiere aún ser elaborada culturalmente. De manera más específica, exige un recorrido ulterior de profundización, de redefinición, de conciencia autorrefleja de las dos identidades, la del hombre y la de la mujer; redefinición que, en el horizonte personal, invoca la apertura al espacio relacional.

Cada persona es constitutivamente relacional: nace *de*, se confía *a*, dialoga *con*. El mismo proceso educativo es proceso de coeducación, al menos en dos sentidos: no existe educación fuera de la relación interpersonal auténtica (educador/a y educado/a son siempre y al mismo tiempo protagonistas del proceso educativo), y es justamente a través de la educación como se habilita al joven o a la joven para la capacidad de entretejer relaciones recíprocamente positivas, cultivando la propia semejanza y diversidad con el otro. La integración armónica de la personalidad masculina y femenina es fruto de la educación.

En el concepto de reciprocidad está implícito que la pareja sean dos personas, cada una de ellas completa en sí misma, capaz de vivir en compañía no por dependencia interior y necesidad de comprensión, sino en función de la libre donación recíproca consensuada. Si esto vale para la relación de pareja, resulta sin embargo también paradigmático para cualquier tipo de relación. En la fidelidad a la búsqueda de una armonía siempre nueva entre unidad y diferencias se juegan el desafío y el encanto de la relación hombre-mujer, una relación capaz de salvaguardar, y no de aplanar u homologar, las identidades de género, de competencias, de culturas, de vocaciones.

c) *Hacia una cultura del poder entendido como servicio*

La escasa presencia de las mujeres en los espacios de poder, es decir, en los lugares en los que se decide sobre la comunidad y sobre su crecimiento en el marco de la civilización, es un hecho. Esta evidencia, objeto de reflexión y muchas veces de contestación, repercute no sólo en la vida de las mujeres sino en toda la sociedad, pues no puede disfrutar de la peculiaridad de la aportación femenina y de los beneficios de la aportación recíproca hombre-mujer. A este respecto, en el ámbito femenino y más allá de la justa contestación, ha ido madurando también la exigencia de ofrecer una contribución para una cultura diferente del poder entendido como «servicio» a la persona y a la comunidad.

Lamentablemente, hoy la palabra «poder» evoca reivindicaciones de una superioridad, dominio, opresión de los más débiles, ejercicio de la fuerza que esclaviza y humilla. Trae también a nuestra memoria Auschwitz, Kosovo, Irak, dictaduras militares, terrorismo, multinacionales, desastre ecológico, deuda de los países pobres, escándalos políticos... Por todo ello es necesario recuperar el poder con el fin de proponer una cultura del poder entendido como servicio.

Las nuevas generaciones, ante todo, tienen necesidad de esta recuperación. El tema del poder como servicio ha sido considerado de manera original, fecunda y actual, aun cuando temporalmente se haya anticipado a la Conferencia de Pekín, en los escritos de Vilma Preti[2], una publicista compro-

---

2. Las publicaciones de Vilma Preti en las que se profundiza sobre el problema del poder, y más en concreto del poder de la mujer, son las siguientes: *Essere donna oggi*, «Progetto Donna» (PD) 1 (1982) 4-5; PD 6 (1987) 5-6; *Essere madre oggi*, PD 1 (1982) 2, 4-6; PD 6 (1987) 5-6; *A*

metida en política, miembro del Comité de redacción de la revista «Proyecto Mujer» hasta 1987, año de su prematura desaparición.

Escribe Vilma Preti:

> Creemos en el significado personalista de la demanda de felicidad que surge del sujeto femenino y rechaza la absolutización de las estructuras, los dogmas de la organización; y creemos en su significado político, que no se dispersa en lo efímero o en una mera reposición de intimismo romántico.
>
> El primero postula una centralidad del hombre, el segundo llama a la relegitimación del poder de larga duración y, quizás, de carácter epocal. La reclamación de poder conjugar la actividad política, para la realización de la felicidad de los individuos, es hoy una provocación para los que siempre han negado la posibilidad del crecimiento individual en nombre de un realismo alienante e hipócrita. Es solicitar una política a la medida del hombre, es dar al hombre una medida siempre humana de las relaciones humanas, incluso de aquellas mediadas por las estructuras y por las instituciones.
>
> La humanidad le ha pedido a la política en las épocas de penuria la solución de los problemas del hambre y de la ignorancia; luego ha pedido la maximización del consumo; finalmente pide, en época postmaterialista, la felicidad, es decir, el equilibrio, la ayuda para la satisfacción de las necesidades profundas de humanidad, de armonía consigo mismo y con el ambiente. ¿Por qué tendríamos que considerar realistas las primeras exigencias e imposible la última? Exigir a la política la felicidad es legítimo

vent'anni dal Concilio, verso il terzo millennio, PD 1 (1982) 1, 17-21; *La donna e la pace*, PD 1 (1982) 4, 7-10; *America: la famiglia nuova frontiera del feminismo*, PD 2 (1983) 10-15; *Famiglia e Welfare State in cento anni di storia della donna*, PD 2 (1983) 1, XVIII-XXII; *Feminismo italiano: seconda fase?* PD 2 (1983) 5, XVI-XVIII; PD 6 (1987) 5-6, 7-13; *La «società» complessa ed i nuovi modelli di razionalità politica: acculturiamoci come donne*, PD 3 (1984) 2, XVIII-XXVI.

en la medida en que se la considera, no como una dimensión de dependencia o de conflictividad reivindicativa, sino como una relación de solidaridad amplia y de implicación profunda con que generar condiciones e instrumentos de satisfacción de nuestras mismas exigencias. La distinta manera de hacer política que el movimiento reclama desde el 68 puede nacer quizás únicamente de haber dirigido a la política reclamaciones diversas: las mujeres le exigen la felicidad, no la de los sueños románticos amorosos, sino la de la libertad y la realización de sí[3].

El tema de la felicidad, es decir, el de la calidad de vida, la libertad y la paz, toca en primer lugar aquellos espacios personales vinculados con la subjetividad, a los que hombres y mujeres se manifiestan hoy tan sensibles. Por otro lado, la subjetividad representa, al afirmarse la complejidad social, un valor básico –que es inalienable– de la persona, aun cuando es necesario saber percibir los riesgos a los que puede exponer una fijación excesiva en las exigencias de la subjetividad misma. La fuerte tendencia a encerrarse en el marco de lo privado es una señal significativa de estos riesgos. No hay que olvidar, además, que la persona se realiza en la relación, y también en una sociedad compleja es conveniente que se salven las estructuras que permiten a las relaciones interpersonales establecerse, desplegarse, dar acogida a otras estructuras e impulsar desde sí mismas a toda la sociedad. Si la persona reclama la relación, la relación reclama la política y es aquí precisamente donde surgen los interrogantes: ¿Qué tipo de política es aconsejable y factible para responder a las exigencias de felicidad y de realización personal de los hombres y de las mujeres concretos, que viven en esta sociedad? ¿Qué polí-

3. V. Preti, *Feminismo*, 13.

tica pueden llevar a cabo estos hombres y mujeres; qué vías de participación y de agregación se les ofrecen para poder contribuir a una mejora global de la calidad de vida? Y en esta perspectiva, ¿existe un espacio adecuado para las grandes aspiraciones de la paz, del respeto a la naturaleza y del respeto a la persona?

Con el fin de propiciar una respuesta a estos interrogantes Vilma Preti se mueve en dos coordenadas, la de la persona y la de la sociedad.

La exigencia de felicidad es, en primer lugar, una *exigencia antropológica*, referida a la persona, en cuanto «exigencia ineludible de significados, de fines, de valores comunicativos»[4] emergentes de los sujetos concretos de una sociedad que ha olvidado al hombre, puesto que lo ha reducido a un hombre económico, político, informatizado.

La exigencia de felicidad es además *exigencia sociológica*, que está referida a la colectividad, puesto que reclama hacer una política en función de la persona y solicita que sea la persona la que sirva de medida para establecer relaciones sociales cada vez más humanas, también aquellas que son mediadas por las estructuras y las instituciones. La humanidad reclama a la política la felicidad, es decir, el equilibrio, la ayuda para satisfacer necesidades profundas de humanidad, de armonía consigo mismo y con el medio ambiente.

Con todo, para que esto pueda ser llevado a cabo, la política tiene que ser entendida como una relación de solidaridad amplia y de desarrollo profundo, ese espacio donde resulta posible generar condiciones e instrumentos satisfactorios para las mencionadas exigencias.

4. *Ibid.*, 21.

2

EDUCADORAS POR SER MADRES, MADRES POR SER EDUCADORAS

EDUCADORAS POR SER MADRES, MADRES POR SER EDUCADORAS

Los jóvenes son nuestra pasión.
Por ayudar a un joven estamos dispuestos
a jugárnoslo todo, no nuestro ideal sino nuestras ideas, todo.
Por recuperar a un joven estamos dispuestos
a ir hasta al otro extremo del mundo.
Por darle un futuro estamos dispuestos
a buscar con él ideas nuevas.
Por amor de un joven estamos dando la vida.
A tantas puertas ni siquiera puedes llamar,
las encuentras llamativamente bloqueadas:
«puerta cerrada», «cerrado por vacaciones», «traspasado».
A Dios le puedes llamar en cualquier momento
para darte cuenta de que ya se hallaba abierto.
También yo he elegido: quiero ser como él.
No llaméis: «está ya abierto»,
se ha convertido en el sentido de mi vida.

Esta reflexión ha sido extraída bastante libremente del libro de Ernesto Olivero, *No llamar: ya está abierto* (en italiano, Milano 1998), el fundador del SERMIG, un movimiento nacido en Turín (Italia), en una vieja fábrica de armas transformada en arsenal de la paz, para hacerse cargo de las necesidades de los más pobres, de los excluidos, de los marginados, de aquellos que sufren en carne propia toda clase de miserias, y para llevarles un consuelo, paz, solidaridad. Para hacerse cargo, sobre todo, de los jóvenes.

¡Los niños, los jóvenes, los muchachos! Por ellos afronta una madre, una educadora, todos los días la fatiga y el gozo de estar próxima a ellos y de preocuparse por ellos, de dar la vida. Por esto, al hablar de las mujeres no es posible no tener en cuenta el mundo de los jóvenes.

1. El desafío del mundo globalizado

Es importante, antes de nada, contextualizar la forma actual de ser de los jóvenes trazando algunas coordenadas referidas al mundo en que vivimos, a ese mundo que condiciona en gran medida a los jóvenes y que se encuentra caracterizado por un fenómeno ampliamente extendido, del que se discute y se sufre mucho en todos los países: la globalización[1].

La globalización es una realidad, un fenómeno generalizado, un proceso de intercambio planetario que pone en relación a los países, economías, mercados, religiones, culturas, valores. Es un proceso que podría crear mejores posibilidades de vida para todos, pero en cambio estimula la concentración del poder en manos de unos pocos (hace a los ricos cada vez más ricos y a los pobres cada vez más pobres[2]), favorece el uniformismo cultural (apaga las particularidades penalizando la diversidad), y genera el monopolio en los sis-

---

1. Soy consciente de otros muchos fenómenos que caracterizan al mundo contemporáneo, pero no pretendo ahora entrar en este tema. Algunos ejemplos: el neoliberalismo, la proliferación de las sectas y las nuevas religiones, la invasión de los multimedia, la expansión de la situación multicultural.

2. El *Informe sobre el desarrollo humano 2000*, elaborado por la ONU sobre una muestra de 174 países, asegura que en América Latina hay 200 millones de pobres, de los cuales 100 millones son jóvenes o adolescentes.

temas de comunicación (el poder de los distintos pueblos está cada vez más en manos de quienes son dueños de los medios de comunicación). Causa la pérdida de las identidades personales y culturales. Respecto a los países más pobres, el influjo negativo de la globalización resulta particularmente grave: explotación de la población, dominio de las multinacionales, especulaciones financieras, proteccionismos económicos, crisis y fragilidad de las democracias, abuso de la naturaleza, corrupción generalizada, desaprovechamiento de los recursos, olvido de las minorías... Podría continuar hasta llegar a la denuncia de los medios con que son humillados millones de hombres y mujeres y vejados en su dignidad y en sus derechos.

Pensemos en el influjo de todo esto en las nuevas generaciones y en la misma vida de los diferentes países, cada vez más multiculturales y más implicados en la globalización.

A pesar de todo, la globalización tiene sus aspectos positivos: la apertura de horizontes por encima de las fronteras, el intercambio planetario de informaciones, la concienciación respecto a las situaciones de pobreza y de explotación, la creación de centros culturales internacionales, la conciencia de una solidaridad planetaria, la apertura a los intercambios culturales.

El a la sazón presidente de Alemania, Johannes Rau, pronunció un interesante discurso el 13 de mayo de 2002 en el Museo de las comunicaciones de Berlín. Entre otras cosas señalaba que frente a la globalización es conveniente evitar dos extremos: su rechazo, simplemente por tener prejuicios, o su aceptación acrítica. Se trata de una oportunidad, no de un destino, que se gobierna políticamente y se orienta positivamente en la dirección de una solidaridad universal.

La globalización no es un acontecimiento natural, sino querida y activada por los hombres. Por este motivo los mismos hombres tienen también la posibilidad de intervenir para modificarla, dándole una forma específica, orientándola en una dirección adecuada.

Hasta aquí el profesor Rau. Yo desearía decir algo más, algo distinto, respecto al «rostro positivo» de la globalización, pues me parece importante para el análisis de la situación de la juventud.

La globalización comporta efectos positivos incluso a nivel personal; resalta la importancia de la persona, destaca su necesidad de sentido y de esperanza, de libertad y dignidad, de solidaridad y de ética pública, de relaciones interpersonales auténticas y de una comunicación no manipulada.

A mí me parece que precisamente ésta es la verdadera apuesta de la globalización, que nos implica a todos y que interpela fuertemente a las nuevas generaciones. Su significado profundo no es principalmente social o económico o político, sino antropológico. El desafío, entonces, es el de asegurar una globalización centrada en la persona, que es la base previa para la globalización de la solidaridad. Es únicamente la centralidad de la persona concreta (joven, adulta, disminuida físicamente, extranjera...) la que conduce a valorar la comunión entre los individuos y los pueblos por encima de cualquier sistema, idea o ideología; a descubrir el verdadero significado de la relación y de eso que el otro –no ya enemigo o contrincante– puede ofrecer; a desarrollar el paradigma de una civilización planetaria y al mismo tiempo plural; a salvaguardar las instancias universales de cualquier cultura dentro de un espíritu abierto a las diferencias y a la multiplicidad, sin intención alguna de uniformizar.

2. Radiografía del mundo juvenil

Respecto a estas generaciones, tan semejantes y al mismo tiempo tan diferentes en los distintos países del mundo, constatamos algunas características directamente dependientes de la lógica de la globalización. No pretendo hacer un diagnóstico exhaustivo del mundo juvenil; sólo deseo evidenciar aquellos aspectos que me parece que se encuentran presentes, incluso con modalidades distintas, en las diferentes formas socioculturales, y que son causados directamente por el fenómeno de la globalización.

Pondré «el dedo en la llaga», es decir, sobre aspectos problemáticos (y lo hago conscientemente, aun cuando yo no soy una persona pesimista, ni por temperamento ni por elección vocacional), teniendo en cuenta también que los jóvenes, simplemente con su sola existencia y presencia, enriquecen a nuestras naciones y nuestras culturas (¡cuánto se está empobreciendo esta Europa que cierra la puerta a la vida emergente y apaga la vida al atardecer!). Intentemos pensar en tantos gestos de altruismo juvenil, en el voluntariado, en el compromiso social, en la proyección hacia el futuro, hacia los sueños, y las utopías de los jóvenes.

El mundo de los jóvenes es complejo y ambiguo. La misma palabra «joven» expresa realidades distintas: adolescente, joven adulto, joven varón y mujer, joven de la noche, joven de riesgo, etc. Se ha hablado de una «generación X», de jóvenes «de identidad débil» (en la que aumentan los factores de vulnerabilidad, de precariedad social, ajenos al propio contexto cultural, divididos por los adultos, manipulados por los medios de comunicación, indiferentes a la religión o seguidores de las sectas...) y de jóvenes de identidad abierta y dinámica (que reivindican el derecho a la diferencia, a la autoestima, a la responsabilidad, que buscan un sentido para su propia vida, que luchan por la paz...).

Ahora bien, incluso en la diferencia tipológica, creo que existe un hilo común que une las diversas categorías de jóvenes: viven en una situación de pluralismo cultural y religioso y de pluripertenencia social que condiciona fuertemente su identidad.

El primer condicionamiento que afecta a la vida de los jóvenes es el llamado «presentismo». Me explico. Para la ideología neoliberal que dirige la globalización lo que cuenta es la acción inmediata, el «dicho y hecho», el aquí y ahora. Tal cosa estimula el individualismo, el consumismo, la competición desenfrenada, la evasión frente a los fallos, la inseguridad, la soledad (pensemos en el problema de las drogodependencias). Exalta la libertad individual, el relativismo moral y cuestiona el principio del bien común, la cultura de la convivialidad en todas sus formas, de la cooperación, de la solidaridad. En este sentido basta un ejemplo muy simple. El mito del *fast food* pone en crisis la convivialidad familiar, el estar juntos con sencillez en torno a la mesa para compartir la comida y poder contarse unos a otros los acontecimientos gozosos y tristes de la vida. El liberalismo, por otra parte, reduce la persona humana a un simple individuo económico y lleva a concebir la educación de la persona únicamente en función del mercado, de la producción y de las ganancias. El libro de Herbert Marcuse, *El hombre unidimensional,* es sintomático respecto a esta situación, y el libro de David Riesman, *La muchedumbre solitaria,* nos habla del aislamiento en el que viven los hombres y las mujeres de hoy en medio de un gentío anónimo. Pensemos en la soledad de los jóvenes, en su falta de seguridad y de perspectivas, y en el consiguiente derroche de vida y de esperanza en el mundo de la droga, en el ruido de las discotecas, en la cultura del sábado noche, donde ellos gritan su soledad...

En la investigación del CENSIS 2002 (que lleva por título *Los jóvenes abandonados al presente*), y justamente en su presentación se lee: «Los jóvenes dan la prioridad, en todos los planos, a las relaciones breves y de carácter inmediato. Quieren 'estar ya', y la espera del día después puede convertirse por sí misma en objeto de rechazo. Este análisis explica la frecuencia con la que los jóvenes se comunican a través de los teléfonos móviles, hablando o remitiéndose mensajes, y el escasísimo recurso a la correspondencia escrita...».

A propósito del consumismo y del relativismo moral, desearía detenerme un momento sobre el problema del consumo del amor, comúnmente llamado prostitución, que golpea y humilla a tantas mujeres jóvenes y a tantos niños robándoles la inocencia, uno de los tesoros de la vida... Me refiero también al problema de la pedofilia en internet. Tengo siempre ante mis ojos la portada de una revista que reproduce la fotografía de una procesión en la que todos los participantes llevan en sus manos objetos o símbolos. Una niña, vestida de blanco, muy hermosa, lleva en la mano una lápida funeraria con esta leyenda: «virginidad». Pienso que esta imagen no tiene necesidad de comentarios. Vivimos en el mundo del despilfarro. Despilfarro de cosas, de tiempo, de afectos, de palabras, de sentimientos, de valores, de amistad, de vida... Y quienes pagan el precio más alto son ellos, los jóvenes.

Continuando con la investigación del CENSIS, en lo que respecta a las relaciones afectivas se subraya que el amor, para la mayor parte de los jóvenes, se queda en el nivel de los sueños: ninguno rechaza un futuro en el que no haya espacio para un enamoramiento, pero al mismo tiempo tampoco manifiesta un deseo especial de apostar por ello. De esta manera, un sí afirmativo al amor, pero no a los vínculos institucionales que conllevan una inversión para toda la vida.

Se trata de una actitud de relajación ligada probablemente a las dificultades de construir lazos estables en la esfera económica y lazos profundos en la afectiva. Seguramente esto depende también de la ausencia de un proceso real de formación: a los jóvenes ya no se les transmite uno de los significados más constitutivos del amor, precisamente aquel que consiste en considerarlo un sentimiento que debe ser atendido y cultivado para que crezca y se fortalezca.

Desde otro punto de vista, los jóvenes temen el compromiso que todo empeño interior comporta, lo mismo que también tienen miedo de todo lo que no consiguen controlar directamente, como la guerra, la violencia, la soledad, el dolor... De todos modos, los jóvenes no son siempre ni todos así.

Otro problema que repercute en el mundo juvenil es el de «la invasión de los multimedia», la globalización de las informaciones y de la comunicación. Somos conscientes de que quien no posee los nuevos códigos y lenguajes corre el riesgo de ser excluido de la realidad social como analfabeto. Internet, ordenadores, correo electrónico e instrumentos auxiliares han puesto en marcha modos de comunicar y de aprender inéditos, modos de comunicar desconocidos demasiadas veces por nosotros los adultos. El conocimiento y el dominio efectivo de las nuevas tecnologías son el instrumento indispensable para entrar en relación con el universo globalizado.

Los jóvenes nacen en ese universo, se encuentran implicados en él desde los primeros años de vida y experimentan su fascinación hasta el punto de sentirse dominados en su modo de pensar, de actuar, de vivir. Es precisamente dentro de este mundo donde ellos construyen su propia identidad, definen su relación con la realidad, con los otros y consigo mismos. Recientemente algunos estudiosos de la realidad juvenil han hablado de identidad «bricolage», o «puzzle», para indicar que los jóvenes se construyen una identidad que se compone de piezas sueltas y de experiencias adosadas unas a otras, y no son ayudados a formar una personalidad armónica, integrada, sólida. Se comportan de manera diferente según los ambientes... No sólo tienen dos caras, sino muchas. Otros hablan de «turismo experimental», otros de «jóvenes sin centro de gravedad», interesados por muchas cosas y, al mismo tiempo, no interesados por ninguna. Otros hablan de «video-socialización», en el sentido de que los niños y los muchachos viven en una relación simbiótica con las nuevas máquinas y con sus lenguajes (cada vez son más frecuentes las enfermedades relacionadas con la teledependencia...) y acaban siendo completamente esclavos de ellas.

Un gran educador de los jóvenes (Juan Bosco), gustaba de utilizar el término «familiaridad» para definir la relación entre adultos educadores y jóvenes. Su larga experiencia entre los muchachos había llegado a convencerle de que sin familiaridad no se puede demostrar el amor, y sin esa demostración no puede nacer aquella confianza que es indispensable para el buen resultado de la acción educativa.

En el mundo de la globalización y de la comunicación los jóvenes están con frecuencia lamentablemente alejados de los adultos, distanciados de su modo de pensar y de actuar. Se autoeducan confiando en las modas y en los modelos presentados por los medios de comunicación.

A este respecto, deseo detenerme en algunos párrafos de una carta que un joven, Esteban, envió hace poco tiempo al director de una la revista:

> Me encuentro hundido y siento la necesidad de escribiros. Mi generación nació en la violencia; en el mundo los niños mueren de hambre y de sed, por todas partes sufren violencias de todo tipo. Ya me he acostumbrado a verlo todo sin emocionarme, a desinteresarme de todo y de todos. Asumo de antemano todas mis culpas futuras, pero la generación de mi padre tiene que asumir las culpas de lo que yo pienso y de eso en lo que me he convertido. Los jóvenes constituimos una sociedad aparte. Que a un niño le quiten los caramelos como que los hijos maten a sus propios padres, produce en nosotros las mismas emociones... Tenemos que desfogarnos contra alguien: contra el mendigo, el borracho, la prostituta, la persona anciana, da igual, lo importante es que sea más débil que nosotros, y si no lo es, recurro a las armas. Porque estamos cargados con la violencia que vemos en la televisión y por la calle... Soy una bomba sin explotar, mi generación es un conjunto de bombas sin explotar; basta un *click* y tanto yo como los otros estamos dispuestos a matar por nada... Mi generación no quiere las grandes guerras con los héroes gloriosos, sino que quiere la guerra personal, donde el que vence vence por sí mismo y por ningún otro... No nos preguntéis por qué nos drogamos, por qué nos emborrachamos, por qué somos violentos, por qué adoramos a Satanás o por qué nos inventamos nuestro propio lenguaje. Preguntaos, más bien, dónde os habéis equivocado vosotros. Si vuestra respuesta es un conjunto de excusas o un intento de descargar vuestra responsabilidad, entonces vosotros sois los primeros en tener que madurar...

La carta de Esteban interpela en primera persona a los adultos, a cada uno de nosotros... Interpela nuestra capacidad para ser educadores y educadoras. Pero también cuestiona a los jóvenes. ¿Se sienten como Esteban? Si es así, ¿qué hacen para salir de esta situación? ¿para reaccionar? ¿para construir la paz?

Preguntémonos además: ¿Representan la gran guerra o la pequeña guerra el único medio de defensa, el único medio para vencer la violencia, el terrorismo, el odio? ¿O se trata, más bien, de un camino hacia el abismo, hacia las tinieblas?

El presidente Bush ha dicho que hay, al menos, 61 países implicados en el terrorismo como cómplices o como instigadores... Me pregunto: ¿Habrá que declarar la guerra a todos? ¿Existe alguna guerra capaz de castigar a los culpables salvando a los inocentes? ¿Alguna guerra que salve a los buenos y castigue a los malos? Pero ¿quiénes son los buenos y quiénes los malos?

En una entrevista, Julio Fuentes, el periodista español asesinado en Afganistán junto a una periodista italiana (Maria Grazia Cutuli) y otros dos corresponsales, hacía memoria de las guerras sobre las que había informado durante veinte años de trabajo y decía: «No he visto una sola guerra por la que valiese la pena morir».

¡No he visto ni una sola guerra por la que valiese la pena morir! Estas palabras son el testimonio de un hombre que ha perdido la vida en una guerra.

Hay países donde viven muchachos que han nacido, crecido, y en ciertos casos se han convertido en adultos, en medio de conflictos conocidos u olvidados, en campos de refugiados, en territorios devastados por acciones bélicas y con frecuencia utilizando instrumentos de muerte, como los campos de minas: Somalia, Palestina, Sudán, Chechenia, la ex Yugoslavia, Afganistán, Irak.

Son demasiadas las poblaciones que padecen hoy las consecuencias de la guerra, también porque el hambre, las enfermedades, el subdesarrollo, la degradación social, el narcotráfico, han sufrido, precisamente a causa de la guerra, terribles aceleraciones. Y todo esto con la vergonzosa indiferencia del «mundo civilizado», de gran parte de la opinión pública, de muchos gobiernos democráticos... y seguramente con la nuestra. A los tímidos esfuerzos de las diplomacias, de las iglesias, de los voluntarios, hay que añadir con frecuencia el escaso compromiso contra la producción y venta de armas, contra el blanqueo del dinero negro y contra las redes económicas del terrorismo. No sólo esto, sino que los países ricos han hecho muy poco o nada por resolver las graves dificultades de los países pobres (pensamos, por ejemplo, en los problemas de la deuda externa...).

El dramático ataque a las Torres gemelas ha introducido la guerra en casa de quien creía haber acabado la partida para siempre, y en beneficio propio, con una guerra rápida...; la ha introducido incluso en nuestras casas..., porque la guerra golpeó a tantos hermanos y hermanas nuestras, hijos e hijas del mismo Padre del cielo. Golpeó a la humanidad entera.

Nos podemos preguntar: ¿Tiene sentido hacer algo para cambiar el mundo o, por el contrario, sólo hay sitio para los aprovechados, para los violentos, para los que piensan sólo en sí mismos? ¿Tiene sentido hablar de paz? ¿Vale la pena renunciar a algo «de lo nuestro» por la paz? ¿Tenemos obligación de trabajar por la paz?

Un tercer aspecto que considero estrechamente ligado al mundo de la globalización es la «ética del actuar por sí mismo», que es la caricatura o, mejor aún, la imagen deformada de la autonomía, esa autonomía que le es necesaria al joven para separarse de la familia y asumir sus propias responsabilidades. Es raro que mientras los jóvenes condenan la uniformidad sin medias tintas en nombre de lo excepcional, de lo inédito, de lo que llama la atención, se arriesgan a buscar la seguridad precisamente en la uniformidad, en el «ir tras la ola», tras las modas, incorporándose gregariamente al camino lento y desordenado del rebaño. Estamos pensando en la moda de la ropa, en el fin de semana, en las diversiones, en la contestación, en la huida de los problemas... Pensamos en las bandas juveniles.

En oriente y en occidente se consumen los mismos refrescos, se ven las mismas telenovelas, se viste con la misma tela azul de los pantalones vaqueros... En Italia, hace algunos años, una jovencita de diecisiete años y su novio (Erika y Omar) mataron a navajazos a la madre y al hermano pequeño de ella... Los medios de comunicación dedicaron un amplio espacio a la noticia, ofreciendo una gran abundancia de detalles..., con la consecuencia de que aparecieron otros delitos semejantes. No sólo eso sino que, poco tiempo después, se abrió una página en internet sobre Erika, que ha terminado siendo ensalzada por otros jóvenes como una heroína..., y todavía hoy la joven recibe numerosas cartas de solidaridad y de amistad.

A la ética del hacer por sí mismo hay que añadir la «ideología del subjetivismo». Se oyen muchas veces en labios de los jóvenes expresiones como esta: «¡Mi vida, mis experiencias, mi fe, mis proyectos... Yo vivo y empleo mi vida como me parece... y que nadie me diga nada, por favor!». Lamentablemente, en nuestra sociedad actual se exalta a los solteros independientes, considerados hombres y mujeres modernos, capaces de escapar a la ley vinculante del matrimonio y de construirse una identidad autosuficiente... En la cultura juvenil se presenta como una cuestión de prestigio la capacidad de permanecer solos, de saber dejarse cuando una relación termina, de saber prescindir del otro.

El compromiso a favor de la continuidad y la fidelidad, el gusto por el diálogo con el otro, son sustituidos por las fáciles atracciones y rechazos. La superficialidad de los vínculos, que facilitan la multiplicación de las relaciones, resulta contraria a la profundización cualitativa. El *zapping* de la televisión, los fáciles desplazamientos geográficos, internet, ofrecen la posibilidad de huir, de cambiar de canal o de pareja a la primera dificultad. Resulta mejor el espacio cibernético que confrontarse con un tú que está frente a ti y te implica. El espacio de la confrontación, del diálogo, de la rivalidad, cede el puesto a la indiferencia o a la evasión[3].

El lenguaje del «estar con» y del «estar para», del intercambio de los dones y de las limitaciones, parece haber sido excluido del mundo globalizado que modela a un hombre «bonsai» sin raíces, pequeño en la ética, modelado según las líneas del proyecto consumista, sin horizontes, sin criterios para juzgar, servidor del sistema. Además, incluso el sistema educativo reproduce demasiadas veces la lógica de la globalización deshumanizante.

3. Un estilo de educación

Soy consciente de que he puesto el dedo en muchas llagas, pero lo he hecho porque creo que cada uno de nosotros quiere ser un bálsamo para las numerosas heridas que mortifican al mundo juvenil. ¿Cómo? ¿Cómo podemos ayudar-

---

[3]. Cf. G. P. di Nicola-A. Danese, *Lei e Lui. Comunicazione e reciprocità*, Cantalupa 2001, 114.

nos a nosotros mismos y a los jóvenes a humanizar la globalización? ¿Qué características debe tener un educador, una educadora, una madre, un padre, para ser auténticamente educador, educadora?

Vayan por delante, ante todo, las indicaciones de Jacques Delors sobre los cuatro pilares de la educación. Basándonos en ellos aportaremos una serie de referencias educativas de nuestra cosecha. Esos cuatro pilares son: *aprender a conocer, aprender a hacer, aprender a vivir juntos, aprender a ser*.

Por cuanto se refiere a los tres condicionamientos de la globalización respecto al mundo de los jóvenes (que no son obviamente los únicos, aunque a mí me parecen los de mayor incidencia), a saber, la mentalidad consumista y relativista, la incidencia mediática y el subjetivismo, me parece importante destacar la urgencia de educar a los jóvenes en la mundialidad y en la solidaridad (no podemos prescindir del hecho de que somos ciudadanos del mundo y responsables de cada uno y de todos), en la sobriedad y en la austeridad (para vencer el consumismo urge promover una ética de la moderación y una cultura de la sobriedad), en el reparto y en la capacidad de cambiar (es importante promover un consumo «crítico» de los productos y tener el coraje de cambiar el propio estilo de vida).

Hoy se habla con insistencia de una educación «ecológica», es decir, de esa limpieza interior que constituye la fuerza impulsora capaz de desarmar la lógica perversa de la globalización. Se trata de una ecología interior que nos afecta a nosotros en primera persona como hombres y como mujeres. Decir «hombre» y «mujer» sin adjetivos calificativos es afirmar nuestra grandeza, exaltar nuestra nobleza. Por este motivo se desvirtúan todas las acciones que atentan contra la dignidad de la persona, de cualquier persona, marcada como nosotros con la misma dignidad «real».

Ecología de la mente, sobre todo, es decir, honradez intelectual para dar a las situaciones y a las cosas su «justo nombre» (llamar mal al mal, y bien al bien, sin miedos y sin falsos respetos), para denunciar sin temor las injusticias, la violación de los derechos de los más débiles, sin demonizar y sin judicializar todo y todos; *ecología del corazón* para vencer la prostitución del cuerpo y del espíritu: la prostitución del cuerpo –de la que hemos hablado– y la del espíritu, que genera manías de poder y de grandeza de toda clase y aumenta cada vez más el número de los «privados de derecho», de los excluidos; *ecología de la vida* para buscar «lo único necesario», para tener la valentía de compartir los propios bienes materiales y espirituales, para luchar contra el abuso de las cosas, de la naturaleza, del lenguaje, del dolor, del gozo, del amor.

Estamos llamados a construir la persona desde dentro, a hacerla crecer como persona y como miembro de una sociedad. El pedagogo Antonio Nanni dibuja un interesante perfil de persona que la familia en primer lugar, y las instituciones educativas (escuela, centros juveniles, grupos) después deberían comprometerse a formar para que las nuevas generaciones estén en condiciones de dirigir la globalización: un «Yo» acogedor, capaz de reciprocidad; un «Yo» libre-autónomo selectivo, capaz de resistencia; un «Yo» responsable-cooperativo, dotado de una fuerte conciencia cívica; un «Yo» nómada-creativo, abierto a la mundialidad[4].

---

4. A. Nanni, *Una scuola nuova: per quale uomo? Lectura antropologica*, Atti del Convegno Nazionale, Roma 19-21 marzo (supplemento «Docete»), 72-76.

Un texto del *Talmud* reza así: «He aprendido mucho y doy gracias a mis maestros, he aprendido mucho más y doy gracias a mis compañeros, he aprendido aún más y doy gracias a mis alumnos». Es una gran verdad, una lección que debemos aprender: para ser un maestro auténtico cada uno de nosotros debe saber ser discípulo, debe querer aprender de sus discípulos.

En este momento podría abrirse el gran capítulo de la educación de los jóvenes para la paz... Mas sólo deseo evocar un testimonio que debería servir de estímulo en esta gran tarea de construir la paz.

Lo extraigo de un libro (S. Trench, *La guerra di Fran*, Roma 2002) escrito por una periodista que ha vivido personalmente la guerra de Bosnia... Para comunicar su experiencia la ha transformado en novela.

> Fran es una adolescente que está viviendo la terrible guerra de Bosnia... Mientras cuenta sus sufrimientos y los de su pueblo, narra también la amistad con un sacerdote católico (Patrick) y recuerda una historia que él le había contado. Un soldado, después de años, había vuelto finalmente de la guerra del Vietnam y había llamado a sus padres desde el aeropuerto de San Francisco, preguntando si podía llevar a casa a un amigo. Al principio ellos le dijeron que sí, que les gustaría conocerlo, pero cuando él añadió que el amigo había pisado una mina y perdido un brazo y una pierna, y pidió poder hospedarlo porque el amigo no tenía un sitio adonde ir, ellos le respondieron que lo sentían mucho y que quizás podrían encontrarle un alojamiento en algún otro sitio. «No –replicó el soldado–, no me habéis entendido. Yo quiero que venga a vivir con nosotros». Entonces los suyos le dijeron que lo sentían, pero que no podían cargar sobre sus espaldas un peso semejante y que él no se daba cuenta de lo que representa un inválido en casa... Les costaba ya tanto tirar para delante, por su cuenta, sin este problema. En definitiva, le

aconsejaron que dejase en paz al amigo, que ya encontraría un modo de apañarse y regresar a casa solo. El muchacho colgó el teléfono y los padres no volvieron a saber más de él.

Algunos días después recibieron una llamada de la policía... Se les comunicaba que su hijo se había suicidado... Desesperados, volaron al tanatorio con el fin de proceder a la identificación del cuerpo. Cuando lo vieron y lo reconocieron sucedió algo trágico, descubrieron lo que ni de lejos hubieran podido imaginar: era precisamente él, su hijo, el soldado al que le faltaban un brazo y una pierna...

Quién sabe si, a veces, no somos nosotros como los padres de aquel muchacho... Es fácil amar a quien no tiene problemas o no nos causa problemas... Es fácil hablar de paz cuando la guerra no nos golpea directamente... Es fácil hablar de paz cuando no es golpeado ninguno de nuestros seres más queridos... Es fácil atribuir las culpas de la pobreza a los otros cuando a nosotros no nos falta de nada.

¿Cómo construir entonces un mundo de paz y de justicia? ¿Cómo abrirse para recibir y dar paz...? ¿Cómo construir puentes de paz y de concordia...? ¿Cómo hacer crecer la paz dentro de nosotros y en torno nuestro? ¿Cómo poder decir palabras de paz y de bondad? ¿Cómo cultivar actitudes de paz, de justicia y de perdón? ¿Cómo educar para la paz?¿Qué puede hacer cada uno en su vida diaria, con sus fuerzas, su inteligencia y su voluntad?

Finalmente, tampoco podemos ocultar que las dificultades y la pasividad de los jóvenes podrían derivar de la dificultad para encontrar adultos significativos en su vida, comenzando por los padres y los maestros. Demasiados adultos que se relacionan con los jóvenes son «personas emotivamente inadaptadas», que no poseen las condiciones imprescindibles para ser modelos de referencia; tales adultos carecen de la madurez requerida y resultan poco ejemplares. Frente a figuras grises, insignificantes, obsoletas..., los jóvenes se sienten obligados a buscar en otra parte puntos de referencia. ¿Cantantes? ¿Artistas de cine? ¿Terroristas?

El carisma del adulto educador, obviamente, no se puede inventar de la noche a la mañana. Esto es fruto de un cierto modo de interpretar la condición de adulto, típica de quien, incluso a partir de algunas adquisiciones de fondo, hace de la madurez una ulterior condición de camino y de crecimiento. Esto me parece un punto muy importante, la semilla que permite esperar un mundo distinto porque la educación es auténtica y un fecundo camino de crecimiento.

4. *Un profeta para los jóvenes*

Para concluir, deseo hacer una referencia a Juan Pablo II. ¿Qué rasgos de la personalidad de este gran educador nos pueden dar una luz para educar a las jóvenes generaciones? Escucha y bondad; testimonio y palabra; paciencia y martirio; este es, a mi juicio, el don que Juan Pablo II ofrece con su vida a cada padre, educador y educadora.

Educar a los jóvenes con la escucha y la bondad. La escucha y la bondad, estas preciosas virtudes, desconocidas y mal interpretadas en la sociedad de la comunicación, son una exigencia imprescindible en la educación de las jóvenes generaciones y deben ser traducidas a gestos concretos para que cada hermano o hermana sienta que ha sido comprendido, escuchado y amado por lo que es. A este respecto, entresaco algunos trazos de una biografía sobre Juan Pablo II (*Storia di Karol*, de Gianfranco Svidercoschi, Milano 2001). Karol Wojtyla fue ordenado obispo el 28 de septiembre de 1958. En la catedral de Wawel se encontraba representada en cierta manera la historia del nuevo obispo. Estaban los colegas del teatro, los obreros de la Solvay, las familias de las parroquias, los profesores del Seminario de Lublin, los intelectuales y los universitarios, ocupados en el servicio de orden... Y así, su Excelencia Lolek (Karol) empezó su itinerario episcopal. Visitó, una a una, las parroquias, continuó enseñando, continuó los encuentros con los jóvenes, con las nuevas parejas; continuó su ministerio en el confesionario, al cual no habría renunciado por nada del mundo... Más tarde fue nombrado cardenal y continuó con mayor intensidad su misión pastoral: administraba la confirmación, ordenaba sacerdotes, visitaba a los enfermos en su casa, hacía renovar a los esposos el compromiso matrimonial. Jamás olvidaba el encuentro con los jóvenes. Era hombre, era obispo de escucha y de bondad.

Educar a los jóvenes con la palabra y el testimonio. ¡No debemos tener vergüenza del evangelio! Hemos de ser valientes para dar testimonio de una vida feliz y realizada. ¡Tenemos que vivir con gozo y en comunión nuestra vocación en la sociedad y en la Iglesia!

La valentía del mensaje testimonial es una característica peculiar del magisterio de Juan Pablo II, infatigable defensor del evangelio y de la dignidad de la persona. Ha sido también una nota peculiar de su ministerio episcopal en Polonia durante los duros años de confrontación entre el Régimen comunista y la Iglesia. Sigo leyendo aún de la biografía citada. A finales de 1963, Karol tuvo noticia de haber sido elegido arzobispo de Cracovia. En cierto modo, quienes favorecieron este nombramiento fueron precisamente las autoridades comunistas, que habían rechazado hasta seis nombres propuestos por Wyszynski. Y los habían rechazado porque estaban convencidos de poder encontrar en aquel atento estudioso del marxismo un interlocutor más conciliador y más flexible que el cardenal primado. Cuando las relaciones entre la Iglesia y el Estado resultaron extremadamente difíciles, Wojtyla se puso en primera línea a favor de la gente y del pueblo, sin miedo, y el régimen descubrió que se había equivocado completamente respecto a él.

Educar a los jóvenes con la paciencia y el martirio. No quiero hablar aquí del martirio cruento, sino del que pertenece a la rutina de la vida: el reloj que apremia, los compromisos que agobian, la fatiga para vivir con paciencia las relaciones con los demás sin ceder a compromisos o a «prudencias humanas», el quehacer abrumador de cada día... Esta multiplicidad de relaciones y tentaciones nos hacen sentir, por una parte, nuestra incapacidad y hacen que nos cerremos «en nuestros intereses»; por otra, nos empujan a ser siempre más generosos porque este es el tiempo favorable, porque los jóvenes tienen necesidad de nosotros, de nuestra fuerza y de nuestro martirio.

Miremos una vez más a Juan Pablo II en este momento de su vida. El Papa da a cada uno de nosotros una lección formidable de aquella paciencia y de aquel martirio cotidiano que hacen comunión. Explica con su vida cómo se vive como cristianos en cada etapa de nuestra existencia, incluso en la de la vejez, incluso en la de la más alta responsabilidad en la tierra. Debemos dar gracias a Dios por su vida. ¿Qué otra cosa es una gran vida sino una continuación del vigor y de la esperanza desde la juventud a la edad madura? La liturgia, en uno de los responsorios de la fiesta de san León Magno, dice:

«Él, como águila, descubrió desde lo alto el sentido de las cosas». Podemos aplicar a Juan Pablo II estas palabras. Todos reconocemos que es un hombre llevado de la mano por Dios. El Señor le pide mucho, pero también le da mucho. Entre los dos hay un profundo entendimiento. Se ve, se toca con la mano. Por este entendimiento precisamente, que cada uno de nosotros experimenta en su vida, podemos mirar con esperanza el futuro y creer que la comunión, la verdadera, es posible.

Me he preguntado tantas veces: ¿Por qué el Papa consigue atraer tanto a los jóvenes? ¿Hacerse escuchar? ¿Hacerse cargo de sus deseos?

Al respecto del encuentro de Juan Pablo II con los jóvenes, el año 2000 en Tor Vergata, con ocasión del Jubileo de los jóvenes, un periodista «laico» (Indro Montanelli), en un periódico también laico (*Il corriere della sera*, 17 de agosto de 2000) escribió: «Este viejo abuelo cuyas palabras, incluso en su propia lengua, las pronuncia mal, con fatiga, ha dicho a los jóvenes cosas de las cuales la más moderna y actualizada tiene dos mil años de edad. Pero es esto precisamente, a mi juicio, lo que los jóvenes inconscientemente buscan en un mundo inmerso en la superficialidad, en el que nosotros les hemos hecho crecer; algo que escape al tiempo porque es eterno, y les ofrezca algo seguro donde posar –y reposar– los pies».

He tenido la alegría de acercarme personalmente varias veces a Juan Pablo II y creo haber entendido, al menos un poco, las razones de este encanto que, a mi juicio, debieran aprender tanto padres como educadores y educadoras. He aquí algunas:

–Impacta a los jóvenes la fuerza de su fe. El Papa da razón de la esperanza que hay en él, de manera inequívoca. Los jóvenes tienen necesidad de creer y de esperar, de disponer de referencias seguras.

–Los jóvenes lo sienten como compañero de camino, como amigo. Hace bien al mundo de los jóvenes ver que no tiene miedo en mostrar su fragilidad física. Los jóvenes tienen necesidad de alguien que sepa com-padecerse con ellos, de personas con las que poder dialogar, perder el tiempo.

–El Papa está verdaderamente a la escucha de los jóvenes. Ha escrito en su autobiografía a propósito del encuentro con los jóvenes: «No es tan importante lo que yo os voy a decir. Importante es lo que vosotros me diréis a mí»[5]. Pobre quien sucumba a la tentación de ser todo boca y nada oídos...

–El Papa es una presencia capaz de provocar, de exigir y de solicitar con decisión. Muchos padres forman hijos apáticos porque no han tenido la valentía de exigir...

–El Papa tiene una carga de entusiasmo que va más allá de cualquier dificultad. Y nosotros ¿somos capaces de ser profetas de alegría en el mundo de la deshumanización?

He comenzado mi reflexión citando un fragmento de Ernesto Olivero; deseo terminarla citando algunos fragmentos del *Testamento* de Gabriel García Márquez (¡para algunos es falso!) que, a mi juicio, contiene anotaciones de viaje imprescindibles para construir un mundo de paz.

> ...Si por un instante Dios... me regalara un trozo de vida, posiblemente no diría todo lo que pienso, pero en definitiva pensaría todo lo que digo.
> Dormiría poco, soñaría más.

5. Juan Pablo II, *Varcare le soglie della speranza*, Milano 1994, 139-140 (versión cast: *Cruzando el umbral de la esperanza*, Plaza & Janés, Barcelona 1995).

Me lanzaría de bruces al sol, dejando descubierto, no solamente mi cuerpo, sino mi alma.

Escribiría mi odio sobre el hielo, y esperaría a que saliera el sol.

Dios mío, si yo tuviera un trozo de vida, no dejaría pasar un solo día sin decirle a la gente que quiero, que la quiero.

A un niño le daría alas, pero le dejaría que él solo aprendiese a volar.

Tantas cosas he aprendido de ustedes, los hombres...

He aprendido que todo el mundo quiere vivir en la cima de la montaña, sin saber que la verdadera felicidad se encuentra a lo largo de la subida escarpada.

He aprendido que un hombre sólo tiene derecho a mirar a otro hacia abajo, cuando ha de ayudarle a levantarse.

3
UN FUTURO BAJO EL SIGNO DEL «GENIO FEMENINO»

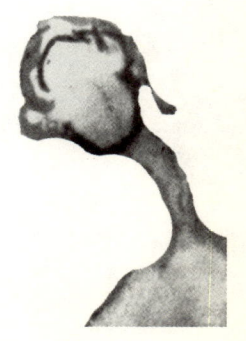

Un futuro bajo el signo del «genio femenino»

> Sobre tu blanca tumba
> se abren las flores blancas de la vida.
> ¡Oh cuántos años han desaparecido
> sin ti! ¡cuantos años!
>
> Sobre tu blanca tumba
> cerrada ya desde hace años
> algo parece despertarse:
> inexplicable como la muerte.
>
> Sobre tu blanca tumba,
> Madre, amor mío apagado,
> de mi corazón filial
> una plegaria:
> a ella dale el descanso eterno.

Este poema, escrito por Karol Wojtyla el año 1939, está dedicado a su madre. Se trata de una poesía que explica algo sobre él, de su interés reverente y afectuoso hacia el genio femenino, hacia el misterio fecundo de la maternidad en la sociedad y en la Iglesia. Él mismo, en su autobiografía, hace referencia a estas raíces profundas: «Todo lo que escribí sobre el tema [de la mujer] en la *Mulieris dignitatem*, lo llevaba dentro de mí desde que era muy joven, en cierto sentido desde la infancia. Quizás también influyó en mí el clima de la época en que fui educado, clima caracterizado por un gran respeto y consideración hacia la mujer-madre»[1].

1. Juan Pablo II, *Varcare le soglie della speranza*, Milano 1994, 237.

Hay, sin embargo, otros indicadores significativos de este interés. Él se inscribe en la gran solicitud con la que el Papa, desde el comienzo de su Pontificado, se dirigió al hombre «fuera de la Iglesia»; está presente en todo su magisterio, que pone en el centro la verdad sobre la persona humana revelada en Jesucristo: encuentra un fundamento en su concreción pastoral que lo hace sensible al desarrollo de la historia, incluso de la historia de las mujeres, que él demuestra conocer y apreciar a través de sus numerosas intervenciones y de tantos gestos de solidaridad y amistad.

Por todos estos motivos, tomo como punto de partida para hablar del «genio de la mujer» los escritos de Juan Pablo II.

Hay un aspecto, interesante e inédito, del diálogo entre Juan Pablo II y las mujeres, que sorprende y maravilla. Él pretende comunicar con la inteligencia de ellas y con su corazón, intentando sensibilizar, al mismo tiempo, al mundo con los problemas de las mujeres; él se pone en actitud de escucha ofreciendo posibilidades de expresión, de discusión, de aprendizaje, de enriquecimiento. Ofrece un diálogo para «pensar» y «amar», y es justamente gracias a sus escritos, en los cuales se entrelazan armoniosamente estilo poético y meditativo, símbolos y metáforas, como más mujeres hablan hoy a otras mujeres y más mujeres hablan juntas a los hombres[2].

Llama la atención, escribe el cardenal Ersilio Tonini, esa manera de dirigirse a todas las mujeres del mundo «directamente, en primera persona, con un estilo confidencial, pero todavía más esa forma de describir la 'función de base' que las mujeres han ejercitado durante siglos dentro de la comu-

2. A este propósito cf. G. P. di Nicola-A. Danese, *Il Papa scrive, le donne rispondono*, Bologna 1996.

nidad humana. Se la llamaba 'vida privada' y, como tal, podía permanecer invisible. Ahora está apareciendo, sin embargo, como esa rica reserva esencial para el futuro de la humanidad. La Carta del Papa a las mujeres ha sobrevolado en alas del descubrimiento de una extraordinaria riqueza humana, de la que todos nosotros hemos disfrutado. Y cuanto más nos adentramos en la vida, con tanta mayor agudeza se la descubre como constitutiva de nuestro yo más profundo. Solo que, precisamente por ser tan íntima para cada uno de nosotros, era considerada como un bien privado completamente ajeno a las tensiones socio políticas. Ver surgir ahora esa riqueza tan personal como la última reserva para el futuro del mundo, resulta una especie de revelación sobre nosotros a nosotros mismos»[3].

1. El genio de la mujer

Juan Pablo II quiere comprender el misterio de la mujer e intuye su don y su riqueza; Juan Pablo II quiere penetrar ese «genio» que, al mismo tiempo, vela y desvela la eterna medida de la dignidad femenina y le conduce a dar gracias a la Trinidad por las grandes obras de Dios que, en la historia de las generaciones humanas, se han realizado en ella y por medio de ella.

El genio de la mujer es, por tanto, ese punto neurálgico en torno al cual se condensan todas las reflexiones sobre la misión que cada mujer está llamada a realizar en la sociedad y en la Iglesia al servicio de la persona humana. «Genio», no identificado con el tradicional estereotipo de la feminidad, sino

3. E. Tonini, *Prefazione* para M. Bellini-G. de Carli, *Quando la Chiesa e donna*, Milano 1996, VIII.

como expresión en femenino de la triple función (sacerdotal, profética y real) y como participación e implicación de las mujeres en diversos ámbitos (arte, ciencia, economía, salud, cultura, política...) a través de la aportación específica de su feminidad. Genio, por tanto, como valor inestimable de la feminidad, de su modo de existir y relacionarse con el mundo.

Genio como «signo» del ser de la mujer que, especialmente en la Iglesia, debe encontrar «espacios, tiempos y modos de expresarse; sea porque la Mujer en su misma imagen de virgen-esposa-madre es paradigmática en orden a la fidelidad-fecundidad de la Iglesia entera, sea porque la Mujer desempeña —al ejemplo de María— esa diaconía materna hacia los nuevos hijos de Dios y de la Iglesia encomendados de manera *vigorosa* a sus cuidados»[4]. He aquí por qué el cuidado y la preocupación por los otros se convierte en un *leitmotiv* en los escritos del Papa: «La fuerza moral de la mujer, su fuerza espiritual se une con la conciencia de que *Dios le encarga de modo especial cuidar del hombre*, del ser humano [...] precisamente a causa de su feminidad [...]. *La mujer es fuerte porque es consciente del encargo*, fuerte por el hecho de que Dios 'pone en sus manos al hombre', siempre y en cualquier circunstancia [...]. Nuestros días *esperan la manifestación* de aquel 'genio' de la mujer que asegure la sensibilidad para el hombre en cualquier circunstancia: por el hecho de ser hombre»[5].

La mujer, por tanto, tiene una primacía sobre el hombre gracias a este encargo. Resulta de este modo la transformación de la situación cultural de la humanidad hasta este mo-

---

4. A. Vanzan-A. Auletta, *L'essere e l'agire della donna in Giovanni Paolo II. Dalla figuralità iconica all'umano integrale*, Roma 1996, 30-31.
5. Juan Pablo II, *Mulieris dignitatem*, 31.

mento de la historia. A la mujer pertenece una primacía en la mutua reciprocidad, justo por el hecho de su diferencia femenina, por su relación con Dios, con la vida, con el hombre, con el individuo.

A la mujer pertenece, pues, de modo absolutamente especial –aunque no de forma exclusiva– la actitud de acoger, de guardar, de hacer crecer; y nada de lo que se refiere a la vida, a la vida humana especialmente, incluso a la vida espiritual, le resulta ajeno. El don de la feminidad se convierte así en una tarea: toda mujer tiene que conquistar, construir, la propia feminidad; es precisamente en su entrega a los demás en la vida de cada día donde ella percibe la profunda vocación de su propia vida; ella que, quizás aún más que el hombre, conoce al hombre porque lo ve con el corazón.

De aquí deriva una primera constatación: el genio de la mujer aún no ha dicho su última palabra en la historia de la humanidad; por tanto, resulta urgente invocar aquel «suplemento de alma» del que la mujer es portadora para caminar sin prejuicios hacia ese humanismo integral que no llegará a ser tal mientras no se supere el desequilibrio con el varón. Y esto es así porque comprender y valorar el núcleo más profundo de la feminidad es responder a las necesidades más íntimas de cualquier persona. De esto da testimonio con toda claridad la historia de las mujeres humildes y grandes que han enriquecido a la humanidad con su ser y con su actuación.

En concreto, el Papa, en la *Christifideles laici*, después de haber exhortado a la mujer «a poner en práctica sus propios 'dones', sobre todo el don que es su misma dignidad personal»[6], le asigna dos grandes tareas a través de las cuales pue-

---

6. Juan Pablo II, *Christifideles laici*, 51.

de expresar su propio genio en la sociedad y en la Iglesia: «dar una dignidad plena a la vida matrimonial y a la maternidad [...], asegurar la dimensión moral de la cultura, esto es la dimensión de una cultura digna del hombre, de su vida personal y social»[7].

Son dos tareas que, para ser llevadas a cabo, requieren, a mi juicio, una profundización de esa actitud de «preocuparse y cuidar de los otros», de aquel «genio materno» que pertenece especialmente a la mujer. En el ser femenino está, asegura el Papa, la renovación de la Iglesia y de la humanidad.

2. *El horizonte de los fundamentos*

En las intervenciones de Juan Pablo II, la profundización sobre el genio de la mujer, y especialmente de su actitud de «preocuparse y cuidar de los otros», ocupa un horizonte radical imprescindible, expresado claramente en varias ocasiones... El Papa se aparta de un modo negativo de ver a la mujer –en relación con el mal y con el pecado, y en una situación de inferioridad– para contemplarla desde el punto de vista de Dios: espléndida en su dignidad. «La mujer es vista en la humanidad común con el hombre, en la unidad de los dos, porque, siendo iguales en la realidad humana y en la dignidad con el varón, es distinta en la feminidad y son dos en unidad y comunión. [...] Existen dos claves para esclarecer la novedad de lo femenino: una brota de la palabra revelada, y la otra de la filosofía de la persona. [Esta última –la filosofía de la persona– ayuda a la comprensión del proyecto de Dios]

7. *Ibid.*

en cuanto que hombre y mujer son queridos expresamente por Dios como sujetos capaces de autonomía, decisión, personalidad, llamados a vivir juntos, en una relación interpersonal, de mutua comunión, de entrega mutua, de esencial reciprocidad»[8].

Así se expresa el Papa en la *Christifideles laici*: «La condición para asegurar la justa presencia de la mujer en la Iglesia y en la sociedad es una consideración más aguda y matizada de los fundamentos antropológicos de la condición masculina y femenina, destinada a precisar la identidad personal propia de la mujer en su relación de diversidad y de recíproca complementariedad con el hombre, no sólo por lo que respecta al papel que se ha de tener y a las funciones a desempeñar, sino también y de manera más profunda por lo que respecta a su estructura y a su significado personal»[9].

Punto neurálgico de estos fundamentos es la afirmación de que, en la creación de la mujer, desde el comienzo está inscrito el principio de la ayuda no unilateral sino recíproca. La mujer es el complemento del hombre, lo mismo que el hombre es el complemento de la mujer: mujer y hombre son entre sí complementarios. La feminidad realiza lo «humano» de la misma manera que la masculinidad, pero con una modulación distinta y complementaria. Feminidad y masculinidad son complementarias entre sí, no sólo desde el punto de vista físico y psíquico, sino también ontológico. Y sólo gracias a la dualidad de lo «masculino» y de lo «femenino», lo «humano» se realiza en plenitud[10]. Es «la unidad de los dos», es de-

8. A. Lobato, *María* 135.
9. Juan Pablo II, *Christifideles laici*, 50.
10. Cf. Juan Pablo II, *Carta a las mujeres*, 7.

cir, la «unidualidad» relacional, lo que permite a cada uno sentir la relación interpersonal y recíproca como un don enriquecedor y responsabilizador. «A esta 'unidad de los dos' está encomendada por Dios, no sólo la obra de la procreación y la vida de la familia, sino también la construcción misma de la historia»[11], la realización de su proyecto creador, el cumplimiento de salvación.

«La vocación de la mujer –ha escrito Pavel Evdokimov– no está en función de la sociedad sino en función de la humanidad». Más todavía: «su campo de acción no es la civilización sino la cultura»[12]. Estas afirmaciones, extraídas del impresionante volumen del gran teólogo ortodoxo, muerto en 1970 mientras estaba preparando una conferencia sobre el Espíritu Santo y la Madre de Dios, me parecen una atinada intuición sobre las tareas de la mujer. Corresponde especialmente a ella –que «quizás, más todavía que el hombre, ve al hombre»[13] en su grandeza y en sus límites, y en esto es más «independiente respecto de los distintos sistemas ideológicos»[14]– asegurar a la civilización futura la dimensión de lo humano en cualquier circunstancia y humanizar la cultura con «la salvaguarda de la primacía debida a los valores humanos[15].

Ella, sin embargo, no puede desempeñar este papel sola; debe llevarlo adelante junto con el hombre y en reciprocidad. Este «servir de ayuda» no es efectivamente unilateral:

11. *Ibid.*, 8.
12. P. Evdokimov, *La donna e la salvezza del mondo*, Milano 1980, 188 (versión cast.: *La mujer y la salvación del mundo*, Sígueme, Salamanca ²1980).
13. Juan Pablo II, *Carta a las mujeres*, 12.
14. *Ibid.*
15. Juan Pablo II, *Chistifideles laici*, 51.

«La mujer es 'ayuda' para el hombre, lo mismo que el hombre es 'ayuda' para la mujer»[16]. Únicamente estando juntos pueden ambos elaborar una cultura de la persona humana que no siga la lógica del egocentrismo y de la autoafirmación, sino la del amor y la solidaridad. La conjugación de la «diversidad» es enriquecedora e indispensable para una armoniosa convivencia humana y exige atención, respeto, solidaridad, entrega recíproca: el ser «don para el otro» y al mismo tiempo «acogida» del don del otro, expresa la riqueza de una fecundidad fundada en una dignidad paritaria y en la igualdad.

La actuación concreta de este recíproco intercambio exige hoy ser «delineada culturalmente» siguiendo un itinerario de profundización, redefinición, conciencia asumida de las dos identidades, la del hombre y la de la mujer. Un camino que debe estimular a los hombres a profundizar su propia identidad, a mantener un discurso a «dos voces», no sólo en la forma de vestir y en todas las dimensiones de la vida de relación, sino en la reflexión teórica.

A nivel de experiencia vivida, este es, quizás, como se deduce de todo lo que dice el Papa, el reto para el futuro: «reciprocidad en el ámbito de la familia, del trabajo, de la cultura, de la Iglesia, en cualquier lugar donde sea posible estructurar la vida humana desde el principio originario «varón y hembra los creó» y, por tanto, desde la unidualidad antropológica, a imagen de la unitrinidad de Dios»[17]. La reciprocidad

---

16. Juan Pablo II, *Discurso para la Audiencia* general, 7 de septiembre de 1995.
17. G. P. di Nicola, *Donne e crisi della modernità: aspetti peculiari della transizione*, en E. Rosanna-M. Chiaia, *Le donne per una cultura della vita*, LAS, Roma 1994, 148.

hombre/mujer, efectivamente, se revela como esquema interpretativo de cualquier relación diferenciada y puede llegar a ser germen de transformación que se extiende a todas las dimensiones de la vida de relación. La superación de la lucha que enfrenta el semejante con el diferente puede convertirse en «profecía de humanidad reconciliada» y el reconocimiento de la alteridad, no la reivindicación por el varón y por la hembra de la diferencia, puede convertirse en clave interpretativa de toda la realidad. «Puede parecer poco relevante –asegura Cettina Militello– proponer lo dialógico y la alteridad, proponer la reciprocidad como esquema interpretativo; sin embargo, se trata de lanzar la semilla de una nueva cultura, respetuosa de los hombres y de las mujeres, de las razas y de las lenguas, de la fe cristiana y de las creencias no cristianas, de la confesión católica y de las confesiones cristianas, de las regiones y de los estados, de las criaturas animadas y de las inanimadas. Se trata de oponer a un modelo de explotación y de poder un modelo de gratuidad dialógica y convivial»[18].

Desde el punto de vista de la reflexión teórica, los fundamentos sobre la identidad y la vocación de la mujer ofrecen a Juan Pablo II no sólo oportunidades inéditas de diálogo con las mujeres, sino fecundas posibilidades de reflexión compartida con todos aquellos –hombres y mujeres– que sienten vivamente el tema femenino.

¿Cuál es, en síntesis, la aportación de Juan Pablo II a la valoración del genio femenino? Ante todo ayuda a comprender que la referencia a la Escritura –en la que se apoya su pensa-

---

18. C. Militello, *Donna in questione. Un itinerario ecclesiale di ricerca*, Assisi 1992, 293.

miento– posee un sentido preciso: «encontrar en la Palabra una inspiración y una invitación hacia los valores fundamentales, incluso para poder orientar la vida y la cultura moderna según el plan de Dios»[19]; recupera los puntos de llegada más válidos del recorrido histórico de las mujeres (desde la igualdad a la complementariedad, a la reciprocidad) integrándolos en un análisis sobre los fundamentos del ser que hace imprescindible la elaboración de una antropología dual[20]; polariza el concepto de reciprocidad «fundándolo en el estatuto 'metafísico' de la persona humana en las dos polaridades, masculina y femenina, y abre las perspectivas para derivarla culturalmente buscando un itinerario de profundización, redefinición y conciencia autorrefleja de las dos identidades del hombre y de la mujer»[21]; indica que lo «masculino» y lo «femenino» diferencian a dos individuos de igual dignidad, que no reflejan, sin embargo, una igualdad estática o uniformada, puesto que lo específico femenino resulta en todo caso diferente de lo específico masculino, y esta diversidad en la igualdad es enriquecedora e indispensable para una armoniosa convivencia humana[22]; subraya con fuerza que la dignidad de la mujer desvela también por vía de reflejo la verdadera dignidad del hombre, fundada en el amor y en la corresponsabilidad, y que tal dignidad es medida en la esfera

19. A. Lobato, *María*, 148.
20. A. Ales Bello, *Postfazione. Giovanni Paolo II e la questione femminile. Apello alla coscienza cristiana*, en M. M. Nicolais (ed.), *Dignità della donna. La questione femminile negli scritti di Giovanni Paolo II*, Roma 1998, 115-116.
21. M. G. Fasoli, *A fine*, en E. Rosanna-M. Chiaia, *Le donne per una cultura della vita*, 212.
22. M. Chiaia-G. Crepaldi, *Introduzione*, en E. Rosanna-M. Chiaia, *Le donne per una cultura della vita*,18-19.

del amor[23]. «La mujer no puede encontrarse a sí misma si no es entregando amor a los demás»[24].

3. La maternidad

La referencia a los fundamentos de la cuestión femenina establece las premisas para comprender y profundizar la contribución concreta del «genio» de la mujer en la sociedad bajo un ángulo particular: la maternidad. En la mujer-madre y en la que está a punto de serlo, Juan Pablo II percibe y medita el misterio de la encarnación. Precisamente en honor a la mujer escribe páginas de poesía y de esperanza, que expresan de una manera más completa y profunda aquellas de los años de juventud y canta un himno a la vida que encuentra su punto culminante en la encíclica *Evangelium vitae*.

A todas las madres ofrece como modelo a María, la mujer por excelencia, síntesis admirable de ese «genio» femenino que nace de la humilde y sabia disponibilidad sin ninguna reserva a la voluntad de Dios. Escribe: «Al principio de la nueva creación, mediante el consentimiento de una mujer, es como el Verbo entra en la historia y se hace hombre (cf. Lc 2, 38). 'Hágase en mí lo que has dicho', dice María, y el Verbo se hace carne dentro del espacio espiritual y corpóreo que le ofrece la disponibilidad creyente y amante de una mujer»[25].

23. M. Farina, *Nuova evangelizzazione: vie profetiche femminili*, en E. Rosanna-M. Chiaia, *Le donne per una cultura della vita*, 80.
24. Juan Pablo II, *Mulieris dignitatem*, 30.
25. Juan Pablo II, *Il messaggio al Congresso nazionale CIF*, en L'Osservatore Romano, 6 de diciembre de 1982.

Esta misma disponibilidad «creyente y amante» se la pide él a toda mujer para que acoja en la propia existencia las «anunciaciones» de la vida ordinaria y, sobre todo, ¡para que se abra al don de la vida, para que no tenga miedo del don de la vida, para que no tenga miedo del hombre! El misterio gozoso de la mujer que se preocupa de la vida, en esta nuestra cultura de muerte –que, en los roles y en las funciones, equipara la mujer al varón, expropiándola de lo que le pertenece de forma exclusiva–, es misterio de una maternidad afectiva, cultural y espiritual, que incide profundamente en el desarrollo de la persona y en el futuro de la sociedad. «Con ella –afirma el Papa– la mujer asume un cierto rol 'fundativo' respecto de la sociedad»[26].

En este sentido, cito con agrado un fragmento de Edith Stein: «Sea cual sea el lugar donde se encuentre la mujer al lado de un ser humano solo, especialmente si éste se encuentra en situación de inexperiencia, física o espiritual, y sea cual sea el lugar donde participe con amor y comprensión, aconsejando, ayudando, ella es compañera en el viaje de la existencia; compañera que se comporta de manera que el hombre no se encuentre solo. Sea cual sea el lugar donde ayude a una criatura humana a desarrollarse, a encontrar el propio camino, a conseguir la propia realización, física, psíquica, espiritual, ella es madre»[27].

Al valorar la maternidad, no se pretende limitar a la mujer a la función de ama de casa, no se intenta reducirla a la «mera función reproductora», sino que se pide que las fun-

[26]. *Ibid.*
[27]. Esta cita está tomada de E. Ghini, *La femminilità humaniza le realtá aride e consola quelle desolate*, en L'Osservatore Romano, 15 de julio de 1995.

ciones del hombre y de la mujer no sean homologables y que a las mujeres no se les niegue la misión materna, que es decisiva para el destino de la humanidad. La maternidad asume, simbólicamente, el significado de la perfección misma de la persona, que encuentra en la capacidad oblativa el parámetro de la propia madurez.

En la maternidad –dice Juan Pablo II– se revela la particular alianza de Dios con la mujer y el lazo especial entre el destino de la madre y el del hijo; y es este único modo de contacto con el nuevo hombre que se está formando lo que crea una actitud hacia el hombre, hacia cualquier hombre y no únicamente hacia el propio hijo, hasta el punto de caracterizar profundamente toda la personalidad de la mujer[28].

Simone Weil se repetía muchas veces a sí misma: «No hay que pasar por delante de una cosa grande sin verla». Que no ocurra también hoy, en nombre de un feminismo crítico aún no desaparecido del todo, que no seamos capaces de asombrarnos delante de Eva, delante de una madre que exclama: «He recibido un hombre del Señor»[29], de ser ciegos frente a la exigencia del reconocimiento social y eclesial del valor de la maternidad, como modelo de una relación fundada en la gratuidad; de desatender las capacidades relacionales propias de la mujer, como contribución a la creación de una convivencia solidaria entre las personas, hombres y mujeres; de descuidar la experiencia del cuerpo de la mujer que acoge, engendra, alimenta, como paradigma para las generaciones futuras y la salvaguarda de la vida en la sociedad y en la Iglesia.

28. Juan Pablo II, *Evangelium vitae*, 99.
29. Gn 4, 1

El rico patrimonio de experiencia acumulado por las mujeres a lo largo de la historia, demasiadas veces cargado de escorias que han ido dejándole en los márgenes de su vida social y eclesial, nos convierte a nosotras, mujeres del tercer milenio, en portadoras de valores capaces de contribuir a la salvación humana. No sólo esto, sino que nuestra cercanía a las condiciones reales en las que se desarrolla habitualmente la existencia humana, nos hace más conscientes de la complejidad de los factores que influyen sobre nuestro desarrollo, nos convierte en expertas del sentido de la limitación y sabedoras de la espesura del misterio que envuelve toda vida humana. La mayor cercanía con la vida que nace y crece, con el sufrimiento, con la enfermedad y con la muerte, nos hace pensar en el sentido último de la vida y nos hace atentas y acogedoras respecto al Dios de la resurrección.

Seguramente debemos tener la valentía de decir que hoy urge rescatar aquellos valores femeninos considerados con demasiada frecuencia «privados» o, más aún, débiles en sentido despectivo (la conciencia de la limitación, la acogida, la atención, la preocupación por los más débiles, la compasión...), porque son los únicos capaces de contribuir a la salvación de lo humano, los únicos que pueden orientar la brújula hacia un mundo más a la medida de la persona y más habitable para todos, hacia «una sociedad y una Iglesia más mariana y, por ello mismo, más cristiana»[30]. Urge especialmente recuperar el valor «materno» como contenido de nuestra aportación al servicio de la sociedad y de toda la humanidad.

La maternidad queda como algo típico de la mujer en cuanto experiencia del cuerpo que da, engendra, protege, ali-

---

30. G. P. di Nicola, *Donne e crisi della modernità*, 171.

menta, pero es también el más alto símbolo que la naturaleza nos ofrece respecto al cuidado de la vida que crece, a la solicitud por la comunión, a la gestión de la responsabilidad. Hay que aprender, sin embargo, a ser madres. Todo lo que es grande y sencillo es una donación, pero al mismo tiempo supone una conquista cotidiana. Además «el hombre aprende, viéndolo inscrito en el cuerpo de la mujer, que la persona es ella misma si sabe darse, si sabe amar a alguien reconociendo sus valores, si sabe retirarse para dejarle sitio, si permanece junto a él/ella con esa materna actitud engendradora que es creadora de nuevas realidades intersubjetivas. La maternidad, en este sentido, acompaña a toda expresión de amor por la vida, como preocupación por el otro [...]. El hombre y la mujer aprenden, transitando caminos distintos, el significado de la maternidad, hecho evidente, en el plano espiritual y con referencia a los sufrimientos de la generación de las almas, por el hecho de que la maternidad es considerada la dimensión típica de la Iglesia, en relación fecunda con Cristo, en quien hombres y mujeres cooperan con la paternidad-maternidad de Dios»[31].

Como es obvio, este aprendizaje requiere también ser traducido en servicios y funciones concretas dentro de la sociedad, de la familia, de la Iglesia, como sugiere en más de una ocasión el Papa: «La Iglesia señala cada vez más la urgencia de una [...] mayor valoración [de la mujer]. En la multiplicidad de los dones diversos y complementarios que enriquecen la vida eclesial, son muchas, y no de poca importancia, las posibilidades que se les ofrecen [...]. Pienso, por ejemplo, en la enseñanza teológica, en los modos que se consienten para el

---

31. *Ibid.*, 156-157.

ejercicio del ministerio litúrgico, incluido el servicio al altar, en los consejos pastorales y administrativos, en los sínodos diocesanos y en los concilios particulares, en las distintas instituciones eclesiales, en las curias, en los tribunales eclesiásticos, en tantas actividades pastorales, hasta llegar a las nuevas formas de participación en la cura pastoral de las parroquias»[32].

Nuestro tiempo apunta a la recuperación de lo femenino como tema humano. Y no puede ser de otra manera. Los valores que llevan la etiqueta de «femeninos» o se convierten en valores «humanos» o la humanidad desaparece. La fuerza profética de que la Iglesia es portadora, consiste precisamente en la predicación de que lo humano no es plenamente humano si no se ponen juntos los valores de lo femenino y de lo masculino.

Edith Stein escribió: «La Iglesia tiene necesidad de nosotras, es decir, el Señor tiene necesidad de nosotras. No es que él no pueda actuar sin nosotras, sino que él nos ha dado la gracia de hacernos miembros de su cuerpo místico y quiere servirse de nosotras como de miembros vivos»[33].

Esta investigación nos honra y nos compromete a caminar por los caminos señalados por Juan Pablo II junto a aquella que, para nosotras las mujeres, es la otra mitad del cielo. Pienso en este momento en el estupendo cuadro de Rembrandt, ese en el que se ve al Padre que acoge al hijo pródigo... Sus manos, que expresan la benevolencia de Dios, son manos maternas y paternas. «Al mismo tiempo» ellas acogen, perdonan y bendicen.

32. Juan Pablo II, *Oración del ángelus*, 4 de septiembre de 1995.
33. E. Stein, *La donna. Il suo compito secondo la natura e la grazia*, Roma 1987, 167.

4

SER MADRE EN EL TERCER MILENIO, O EL ARTE DE «HACERSE CARGO DE LOS OTROS»

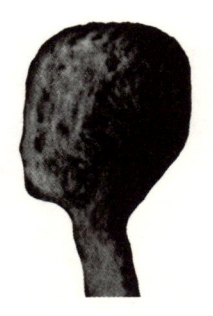

SER MADRE EN EL TERCER MILENIO, O EL ARTE DE «HACERSE CARGO DE LOS OTROS»

> Al sexto mes, envió Dios al ángel Gabriel a una ciudad de Galilea llamada Nazaret, a una joven prometida a un hombre llamado José, de la estirpe de David; el nombre de la joven era María. El ángel entró donde estaba María: «Dios te salve, llena de gracia, el Señor está contigo». Al oír estas palabras, ella se turbó y se preguntaba qué significaba tal saludo. El ángel le dijo: «No temas, María, pues Dios te ha concedido su favor. Concebirás y darás a luz un hijo, al que pondrás por nombre Jesús. El será grande, será llamado Hijo del Altísimo; el Señor Dios le dará el trono de David su padre, reinará sobre la estirpe de Jacob por siempre y su reino no tendrá fin».
> María dijo al ángel: «¿Cómo será esto, si yo no tengo relaciones con ningún hombre?». El ángel le contestó: «El Espíritu Santo vendrá sobre ti y el poder del Altísimo te cubrirá con su sombra, por eso, el que va a nacer será santo y se llamará Hijo de Dios. Mira, tu pariente Isabel también ha concebido un hijo en su vejez, y ya está de seis meses la que todos tenían por estéril; porque para Dios nada hay imposible». María dijo: «Aquí está la Esclava del Señor, que me suceda según dices». Y el ángel la dejó (Lc 1, 26-38).

En el evangelio de Lucas se lee que la nueva creación comienza con el consentimiento de una mujer. «Hágase en mí según tu palabra», dice María, y el Verbo se hace carne en el espacio espiritual y corporal, que se le abre por la disponibilidad creyente y amante de la Virgen. «Jesús, nacido de una mujer» (Gal 4, 4), escribe san Pablo. ¡Hermosa realidad!

En el origen de cada uno de nosotros hay siempre una mujer, hay siempre una madre. También en el momento presente de la historia están las mujeres, las madres de hoy, llamadas a vivir con la misma disponibilidad creyente y amante de María para engendrar la nueva humanidad.

Es precisamente la mujer, con sus riquezas y sus límites, con su genio femenino y materno, la que puede ofrecer una contribución fundamental para engendrar y para ayudar a crecer a la sociedad y la cultura de este nuevo tiempo. De dicha contribución rica e insondable, hay dos aspectos que me parecen fundamentales: el arte de hacerse cargo de los otros, de cuidar y preocuparse de los demás; y la simbología materna.

1. *El arte de «hacerse cargo de los otros»*

El arte de cuidar de, de acudir, de preocuparse de los otros, de proteger, es propio de la mujer y es un aspecto fundamental de la maternidad. Pero ¿qué significa en concreto este arte? En particular, para una madre, ¿qué significa preocuparse de los otros?

En la lengua inglesa esta expresión se traduce como *I care*, que significa: me ocupo de ti, estoy cerca de ti, te ayudo a realizarte según tu dignidad, te respeto, te protejo, te sostengo para que crezcas; te ayudo en las dificultades, te «encamino hacia la vida», te llevo «sobre alas de águila».

Es una responsabilidad específica de la mujer el «hacerse cargo de los otros», aún cuando hoy, más que nunca, es necesario que también los hombres y los jóvenes desarrollen esta cualidad. De hecho, para construir una cultura más humana, que no se mueva en la órbita del egocentrismo y la autosuficiencia, sino en la del amor y la solidaridad, es necesaria la contribución conjunta del hombre y de la mujer. La unión de lo distinto es importante e indispensable para una convivencia humana armónica, que además exige atención, respeto, solidaridad y entrega recíproca.

Ser un don para los otros, y al mismo tiempo acoger el don del otro, expresa la riqueza de una fecundidad enraizada en la misma dignidad e igualdad de las personas humanas.

Una investigadora del tema femenino, Giulia Paola di Nicola, sostiene que el hombre y la mujer aprenden, por caminos separados y diferentes, el significado de la maternidad y que los dos cooperan con su propia peculiaridad en la paternidad-maternidad de Dios.

Estamos pensando en una madre que concibe un hijo, lo custodia en sus entrañas durante nueve meses, lo da a luz, le ayuda a crecer, lo educa, lo acompaña... Pensamos en la profundidad con la que esta madre comprende las palabras que el sacerdote dice en el momento de la consagración «Esto es mi Cuerpo ofrecido en sacrificio por vosotros».

Personalmente, cada día, en el momento eucarístico de la consagración del Cuerpo y de la Sangre de Jesús, estas palabras retornan a mi mente, se me hacen presentes en el corazón, y me parece comprender mejor el insondable misterio de Dios que se hace carne en nuestros altares. Gracias, también, a este gran misterio, me parece entender mejor el don y la función de la maternidad.

Nuestra sociedad, nuestro mundo, tiene necesidad de esta actitud materna, de este ofrecimiento, que toda madre experimenta desde el principio de la concepción del hijo. La política tiene necesidad de la mujer, la ciencia exige la contribución de la mujer, la protección de la vida –de toda la vida, incluso de la vida de la naturaleza– tiene necesidad de ser defendida por la mujer; el mundo de los negocios desea la ayuda de la mujer, la paz invoca a la mujer, porque ella sabe muy bien el precio que toda guerra cobra a sus hijos. El tercer milenio de la historia tiene necesidad de la maternidad espiritual, afectiva y cultural de la mujer, de esa maternidad «que puede» incidir profundamente en el desarrollo de las personas y en la humanización de la sociedad.

Para comprender mejor la grandeza del don que la mujer puede ofrecer a la humanidad de hoy y de mañana, queremos prestar atención a algunos ejemplos de mujeres que han enriquecido nuestro mundo con su presencia y con su misión, y que continúan fecundándolo con su memoria viva.

La madre Teresa de Calcuta, que se ocupó de los más pobres, de los más abandonados, de los miserables, de los moribundos, de los que no son amados por nadie. Se ha preocupado de su vida y los ha acompañado con amor y discreción hasta el umbral de la muerte.

Todas las mujeres tienen una capacidad particular para reproducir en su propia vida la «fantasía de la caridad» de esta humilde gran mujer asistiendo al que es pobre, al que sufre en el cuerpo y en el alma, al que es humillado, al que es mas débil.

Margarita, la madre de san Juan Bosco, la humilde mujer de pueblo, fuerte y afectuosa, que no ha tenido miedo de dejar sus cosas, pobres y únicas, su pueblo, su casa llena de recuerdos, para ocuparse de los jóvenes de su Juan, que llegaban continuamente al Oratorio, de día y de noche, solos y hambrientos. No ha tenido miedo de hacerlos hijos suyos.

Muchas mujeres como Margarita, en todo el mundo (madres, religiosas, enfermeras, misioneras, voluntarias...), se preocupan de niños y jóvenes que no han llevado en su propio seno, abandonados y solos; los alimentan, los atienden, los educan y los preparan para afrontar la vida.

Edith Stein, la estudiosa carmelita canonizada por Juan Pablo II, que se preocupó de la verdad y la buscó apasionadamente a través del estudio de la filosofía hasta llegar a descubrir la Verdad, con mayúscula, e incluso hasta ofrecer su vida por esta Verdad en un campo de concentración nazi.

¡Qué hermosa es la obra de tantas mujeres que emplean sus recursos intelectuales y de vida para el crecimiento de la cultura, para el desarrollo de la ciencia, para el compromiso en la política y la sociedad civil!

Catalina de Siena, la dominica iletrada que, con cartas apasionadas y encendidas, se hizo cargo del Papa y, con la fuerza persuasiva de la palabra y de la oración lo convenció para que volviera a Roma, después del exilio de Avignon.

También hoy tenemos necesidad de mujeres que se preocupen de aquellos que gestionan el poder y tienen una responsabilidad de autoridad, para que actúen siempre en favor del bien de las personas, particularmente de quienes son más débiles y marginados. Tenemos necesidad de mujeres que trabajen en el campo de las nuevas tecnologías y de las comunicaciones para que los nuevos descubrimientos y las innovaciones tecnológicas no se utilicen para la destrucción de la humanidad o para el abuso de los poderosos, sino para el desarrollo y la salvaguarda del bien común y de toda persona. Tenemos necesidad de mujeres que se preocupen de la ecología, no sólo de la que corresponde a la naturaleza, sino también de la *ecología* del alma, del corazón, de la mente, de la vida.

María Domenica Mazzarello, la mujer humilde y prudente que compartió con Juan Bosco la intuición de que la educación es el factor mas dinámico y fecundo de la historia y con él se convirtió en «artista de la educación», ocupándose de las jóvenes, ayudándolas a conseguir la plena madurez y a asumir responsablemente un puesto en la sociedad y en la historia.

María Domenica Mazzarello, en la escuela de Don Bosco, se ocupó de toda la vida de las jóvenes: proyectos, vestidos, casa, trabajo, estudios, felicidad y compañía. Llegó al corazón de las jóvenes hasta el punto de provocar en ellas el deseo del crecimiento espiritual, intelectual y humano. También hoy, sus hijas, y otras muchas religiosas educadoras profesan este amor en todo el mundo. Trabajan por los jóvenes y muchachos de cualquier edad y condición, por su crecimiento en humanidad, se preocupan de ellos, de sus necesidades, de sus sueños, de sus problemas y les enseñan a volar alto, a pensar en grandes horizontes...

¡Los jóvenes! Ellos son el tesoro, la esperanza, la vida de nuestro tiempo y de los años futuros. ¿Qué haría nuestra sociedad si no estuvieran los jóvenes? Muchas veces, frente al envejecimiento de Europa me he preguntado: ¿Qué canción echaríamos en falta si no estuviesen los jóvenes? ¿Qué melodía añoraríamos en nuestras ciudades, en nuestras familias, en nuestras escuelas, si no hubiera muchachos y muchachas? Los jóvenes son la canción, la promesa, de este milenio.

La capacidad de hacerse cargo, esta donación de amor, tan fundamental para nuestra sociedad anónima, egoísta, violenta, debe ser cultivada como una planta, como una flor. A ser mujer se aprende. A ser mujer capaz de preocuparse se aprende. El sendero del amor, del don de sí, que es el regalo más grande que podemos hacer a la humanidad, cuesta, supone interés, empeño, oración, ascesis, contemplación y requiere un camino.

El libro del *Eclesiástico* nos señala dos senderos insustituibles: en primer lugar, «no escatiméis dinero en adquirir instrucción, pues en ella encontraréis oro en abundancia» (Eclo 51, 28). En otras palabras nos viene a decir: no tengáis miedo en afrontar el duro camino del conocimiento (siempre se pueden conocer cosas nuevas) y el de la experiencia, de recorrer con responsabilidad el camino de la vida, dejándoos guiar por un modelo de mujer: el de María, el de las mujeres que con su humilde gran vida han enriquecido la historia de la humanidad. El mundo tiene necesidad de las mujeres. Dios tiene necesidad de las mujeres.

En segundo lugar, «si ves a un hombre sensato, corre hacia él, que tus pies desgasten el umbral de su puerta» (Eclo 6, 36). Esta expresión indica la fecundidad del camino de relación, de la senda que han de hacer en compañía hombres y mujeres, hermanos y hermanas; esta expresión muestra el camino de la confianza recíproca, del dejarse guiar y sostener por aquel que tiene más experiencia y ha recorrido el camino antes que nosotros.

Para aprender «el arte de hacerse cargo de los otros» es necesario dejarse formar, en el sentido más profundo que tiene esta palabra, es decir, empeñarse en conocer, profundizar el tesoro de nuestra vida para descubrir nuestros talentos, para multiplicarlos y ponerlos a disposición de los demás.

2. *El símbolo de la maternidad*

Cada uno de nosotros tiene una devoción particular a una Virgen y venera una imagen suya especialmente querida. A mí me gusta contemplar algunas imágenes que presentan a

María llevando a Jesús en su seno: la Virgen encinta. Las imágenes de María llevando en su vientre al Niño Jesús me parecen muy hermosas y evocadoras para mi vida, para mi camino de mujer, y de mujer consagrada, llamada a vivir como «tantas» madres y como madres de «tantos» hijos.

El misterio de la feminidad –ha afirmado Juan Pablo II– se manifiesta y se revela hasta el extremo en la maternidad[1], una maternidad afectiva, cultural, espiritual, mediante la cual la mujer asume una especie de papel fundante respecto de la sociedad[2].

Después de años de contestación de la maternidad, ha sido el feminismo de la reciprocidad, al superar las fases del feminismo de la igualdad y de la diversidad, el que ha rescatado toda la riqueza de este concepto, proponiendo de nuevo los valores que lleva consigo en sentido simbólico y presentando toda su validez, también para las mujeres que viven una profunda maternidad espiritual, e incluso para los varones y para la sociedad en su conjunto.

A la maternidad viene vinculado, sobre todo, el valor de la *relación*. Es precisamente en el seno de la madre donde se hace carne aquel misterio de comunión/libertad que caracteriza a todo ser humano y que es emblemático, por la multiplicidad de lenguajes expresivos con la naturaleza, con los otros, con Dios. Ser madre es «ponerse en relación con», pero respetando plenamente el misterio de la libertad del otro sin dominar, sin expropiar, sin poseer. Como hace Dios.

En la concreción de lo cotidiano, la relación que respeta la libertad para crear comunión se mide con las dificultades que

1. Cf. Juan Pablo II, *Audiencia general*, 13 de marzo de 1980.
2. Cf. Id., *Oración del ángelus*, 4 de septiembre de 1995.

genera la presencia de diferentes mentalidades, razas, culturas, funciones. Es el momento de la fatiga con la que se experimenta la propia pobreza, pero es el momento fecundo para mirar de frente las riquezas y las debilidades de cada uno, los proyectos, los sueños..., y para ponerlos en común. Dios no nos sustituye en la difícil búsqueda de la comunión; de igual forma, la madre, que lleva al niño en su seno, no respira en su lugar, sino que suscita, incrementa dicha búsqueda. Dios inquieta nuestra vida, nos desnuda, nos importuna, cuestiona nuestra libertad y nos da la fuerza para convertirnos. Nos ha hecho inteligentes y libres. Le debemos creer para vivir este don, respetando y adorando su lógica, que no es la del mundo: el nacimiento de una Virgen, el perdón de los pecados, el escándalo de la cruz.

Un segundo aspecto sobre el que conviene reflexionar es el sentido de la limitación, esa limitación que toda mujer experimenta al vivir momentos de fecundidad y de esterilidad; esa limitación que la madre experimenta para dar cabida al niño que crece en ella, ese retirarse para que el pequeño ser pueda crecer. En la vida de relación, en las relaciones sociales, en el marco de la lógica científica, en la vida de familia y de comunidad es fundamental aceptar la limitación, retirarse, dejar espacio. Para la convivencia social, especialmente cuando comporta la presencia de diferentes mentalidades, generaciones, nacionalidades, culturas, la comprensión y la aceptación de la fecundidad de la limitación es importantísima. Y ello, de manera especial, para el que tiene una función de responsabilidad, pues es llamado a comprender y a vivir el misterio de la limitación, el misterio del intercambio de dones.

El misterio de la limitación apela al misterio de la diversidad. No puede entender este misterio el que es partidario de la uniformidad y prefiere seguir irresponsablemente el camino del rebaño, el que rechaza al otro porque se cree superior o tiene miedo de perder algo propio, el que ya no sabe llorar por el dolor de un hermano o de una hermana. «El que ya no sabe llorar por amor –escribe san Juan de la Cruz– ha perdido gran parte de su propia belleza». Lamentablemente, la nuestra es una sociedad en la que ya no se sabe llorar; por esto se grita en las calles, en las discotecas, en el arte...

Repetidamente, Juan Pablo II ha hablado de este misterio del intercambio de dones. Me limito a recordar dos citas encadenadas que me ayudan a ilustrar mi pensamiento. «A ella [la madre] corresponde acoger con premura [la vida], favoreciendo aquel primer diálogo del ser humano con el mundo que se realiza precisamente en la simbiosis del cuerpo materno. Es aquí donde comienza la historia de cada hombre [...]. Al niño que nace y crece dentro de ella, la mujer está llamada a ofrecerle lo mejor de sí misma. Y justamente haciéndose *don*, ella se conoce mejor a sí misma y se realiza en su feminidad. Se diría que la fragilidad de su criatura solicita sus mejores recursos afectivos y espirituales. Es un verdadero intercambio de dones»[3].

El último aspecto de la maternidad que deseo subrayar es la relación que existe entre el gozo y el dolor. Es la mujer la que, al dar a luz una criatura, experimenta la cara positiva del dolor, según el testimonio del vínculo indisoluble que se establece entre amor y dolor, entre vida y muerte, entre guerra y paz. La mujer sufre a causa de los dolores del parto, pero cuando ha dado a luz, su gozo es pleno porque ha nacido un ser humano.

3. Juan Pablo II, *Oración del ángelus*, 4 de septiembre de 1995.

El teólogo Paul Tillich, en uno de sus sermones, relata la siguiente historia:

> En el proceso de Nüremberg compareció un testigo que había vivido durante un cierto periodo de tiempo en la tumba de un cementerio hebreo, en Vilna, Polonia. Era éste el único lugar en el que él y muchos otros pudieron vivir; allí se escondían después de haber escapado a las cámaras de gas. Durante todo ese tiempo aquel hombre escribió versos, y una composición lírica era la descripción de un nacimiento: en una tumba cercana una joven mujer, asistida por el sepulturero, un viejo de ochenta años, daba a luz un niño, envuelto en un sudario. Al primer llanto del recién nacido, el viejo oró: «Dios grande, ¿nos has enviado finalmente al Mesías? Porque ¿quién otro puede nacer en una tumba si no es el Mesías?» (SSF 154-155).

El relato se comenta por sí mismo. Todos tenemos necesidad de creer que la vida nace siempre de la muerte, de la fatiga, del compromiso.

He reflexionado mucho sobre estos aspectos paradigmáticos que dicen tanto sobre la realidad de la vida de cada mujer y de la sociedad misma, y de ellos he extraído siempre un bien inmenso para mi alimento espiritual.

Yo soy una mujer, mi cuerpo es un cuerpo de mujer y toda mi vida lleva impreso este sello que me recuerda continuamente mi disposición a relacionarme, mis limitaciones, el cansancio en el camino de cada día, que me revela la alteridad de cada ser humano y la fecundidad de la reciprocidad. Precisamente por ser mujer y madre, aun cuando sólo lo sea espiritualmente, me parece entender la comunión profunda e inexplicable que se establece entre una madre y su hijo en los nueve meses de la gestación y la fecundidad de la gestación de las almas a través de mi misión de educadora.

Una mujer no engendra la vida por sí sola, sino que, una vez que la ha engendrado, la conserva y la alimenta con su cuerpo y le da a luz entregando el niño al mundo. Mi realidad de mujer, abierta a la maternidad, alimenta mi vida, incluso mi vida espiritual, la relación íntima con mi Señor, mi misión en la Iglesia. A este respecto querría ofrecer un simple retazo de la experiencia materna que nosotras las mujeres vivimos de manera única y peculiar. Para ello voy a referirme a los escritos de dos mujeres.

La primera es la teóloga canadiense Monique Dumais. Escribe así: «Las mujeres que han concebido, llevando dentro de sí durante nueve meses el cuerpo de un nuevo ser, que han vivido el parto con dolores de mayor o menor intensidad y que, finalmente, han estrechado entre sus brazos a ese pequeño ser tan amado que acaban de dar a luz, dicen con emoción: Esto es mi cuerpo»[4].

La segunda es Francine Carrillo, del grupo ecuménico de reflexión teológica de la mujer (Ginebra), que afirma: «La mujer que llega a ser madre tiene esta oportunidad inaudita de captar, gracias a 'este otro ser que habita en una oquedad de sí misma', la presencia de Dios. Sólo las mujeres que alguna vez han llevado un niño dentro de sí mismas conocen la dulzura y la ebriedad inefables que se experimentan al sentirse como un espacio en el que se reanuda este latido de vida, que viene a indicar la presencia del Otro en nosotros. Lo que algunas mujeres conocen en su cuerpo puede convertirse, mediante la aventura de la fe, en un acontecimiento vivi-

---

4. M. Dumais, *Femmes faites chair* : C/FCR, 65, recogido en M. T. Porcile Santiso, *La donna spazio di salvezza. Missione della donna nella Chiesa. Una prospettiva antropologica*, Bologna 1994, 246.

do por todos los fieles. El apóstol Pablo ¿no habla, quizás, del cuerpo como de algo que alberga la pulsación del Espíritu (1 Cor 6, 19)?»[5].

Ambos textos son para mí emblemáticos, pues invitan a hombres y mujeres a recuperar la capacidad privilegiada de la mujer de hacer de la sociedad un espacio de vida, de receptividad, de acogida.

La maternidad es un don concedido gratuitamente a toda mujer, pero también es un talento para comerciar a través de la vocación que Dios concede a cada una. Debemos tener el coraje de decirlo a las jóvenes que abren su corazón a ese gran don de Dios que es el amor, y enseñarles con nuestro testimonio de vida que cada una de nosotras es ella misma si es mujer, si ama a alguien reconociendo sus valores, si sabe retirarse para hacerle sitio, si permanece en la relación con el otro con aquella actitud materna, capaz de engendrar nuevas realidades intersubjetivas.

Especialmente nosotras las consagradas, que experimentamos lo que significa e implica el amor incondicional por el Señor Resucitado, nos hallamos en disposición de ayudar a las jóvenes, las madres de mañana, a vivir el misterio de su propia maternidad.

Se nos ha pedido sentir al unísono con ellas, hacernos cargo de sus problemas y soportarlos junto con ellas, de transformar su miedo de crecer en el gozo de vivir, de convertirnos para ellas en compañeras de camino tanto en el *via crucis* (porque la maternidad es costosa), como en el *via lucis* (porque la maternidad es gozo).

5. F. Carrillo, *Le corps Parabole*: CP 6 (1984) 12, recogido en M. T. Porcile Santiso, *La donna spazio di salvezza*, 245.

Se nos ha pedido caminar en su compañía, inventar con ellas un proyecto de vida que tenga la fuerza del *Talita kumi* del Evangelio (cf. Mc 5, 41).

Con otras palabras, se nos ha pedido que nos preocupemos de ellas, de su maternidad, de conducirlas a valorar todas sus propias riquezas y ponerlas a disposición de la vocación a la que el Seños les llama.

5

LA VIDA CONSAGRADA FEMENINA Y EL TEMA DE LA MUJER: UNA ELECCIÓN RADICAL PARA EL FUTURO

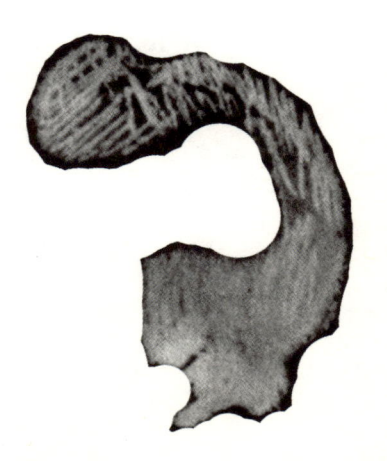

La vida consagrada femenina y el tema de la mujer: una elección radical para el futuro

> ¡Qué deseables son tus moradas,
> Señor de los ejércitos!
> Dichosos los que viven en tu casa
> alabándote siempre,
> dichosos los que encuentran en ti su fuerza
> al preparar su peregrinación.
> Cuando atraviesan áridos valles
> los convierten en oasis,
> como si la lluvia temprana
> los cubriera de bendiciones;
> caminan de baluarte en baluarte
> hasta ver a Dios en Sión.
>
> (Salmo 83)

Todo cambio de época obliga a personas e instituciones a asumir la aventura de un nuevo viaje hacia el futuro. Ha sucedido así en el pasado y también sucede hoy.

El reto ha partido, sobre todo, del Concilio Vaticano II, que ha ofrecido el fundamento, el horizonte, las perspectivas y las indicaciones referentes al recorrido con el fin de percibir e interpretar los «signos de los tiempos», y ha suscitado iniciativas valientes e inéditas de reflexión y de proyección hacia el futuro dentro de la Iglesia y, por consiguiente, también dentro de la vida consagrada.

Por lo que respecta a esta última, el camino recorrido en los años del postconcilio ha conducido a la revisión de las constituciones de las diferentes instituciones, al nacimiento de nuevas formas de vida consagrada, al replanteamiento del proyecto formativo, a la reflexión compartida con la sociedad y la cultura, alternando momentos de crisis y de vitalidad. Actualmente, bajo el impulso del Sínodo sobre la Vida consagrada y de las iniciativas y publicaciones sucesivas que el mismo Concilio ha impulsado, el camino emprendido ha tenido un nuevo empuje no falto de problemas y dificultades.

Me he preguntado con frecuencia: ¿Qué está sucediendo actualmente en la vida consagrada femenina? ¿Qué modelos de vida consagrada son propuestos a las nuevas generaciones de mujeres?

Es importante, sobre todo, señalar que las distintas formas de vida consagrada nunca resultan desconectadas del entorno socio-cultural en el que nacen y crecen, y nuestro tiempo, complejo y en continua evolución no es una excepción. La vida consagrada femenina lleva en sí el gozo y el peso de un mundo en transformación, de un mundo afectado por la globalización y por los problemas derivados de ella, entre los que se encuentran los relativos a la cuestión femenina.

En los distintos países conviven hoy numerosos y más que centenarios institutos religiosos que están afrontando el esfuerzo de la readaptación, pequeños institutos de antigua fundación que están extinguiéndose lentamente, formas nuevas de vida consagrada que están extendiéndose y multiplicándose. La exhortación apostólica *Vita Consecrata* presenta a este propósito una tipología significativa. En esta diversidad de formas antiguas y nuevas de vida consagrada femenina hay, sin embargo, a mi juicio, un aglutinante que encuentra sus raíces en la «memoria», su gestación en el «presente», su fecundidad en el «futuro». Se trata *del estrecho vínculo exis-*

tente entre la vida consagrada femenina y el tema de la mujer, un vínculo del que las consagradas van tomando conciencia progresivamente. A este respecto se puede también suponer que él acabará siendo cada vez más necesario y significativo, y contribuirá a modelar la vida consagrada femenina en el tercer milenio.

1. Decirse y pensarse en femenino

Las consagradas releen su propia identidad y su propio compromiso misionero y apostólico con «ojos y corazón de mujer». En la simplicidad de la expresión y del lenguaje de esta relectura se encuentran las indicaciones del magisterio, especialmente las de Juan Pablo II, tomadas en la óptica del carisma propio del instituto al que se pertenece. La *Mulieris dignitatem*, la *Carta a las mujeres*, la exhortación apostólica *Vita consecrata* son conocidas, apreciadas, objeto de reflexión, de discernimiento, de proyección, y constituyen el parámetro para conjugar «feminidad» y «consagración femenina», una conjugación que para toda consagrada pasa a través de la fidelidad creativa al carisma del propio instituto.

¿Cuáles son pues las consecuencias y las implicaciones de esta toma de conciencia? Las consagradas se descubren a sí mismas como mujeres, «osan llamarse y pensarse en femenino», y contribuyen así a dar un rostro peculiar a la propia consagración y a enriquecer la reflexión y la experiencia sobre la dignidad de la mujer en respuesta a la invitación del Sínodo sobre la vida consagrada: «Hay motivo para esperar que desde un más profundo reconocimiento de la misión de la mujer, la vida consagrada femenina extraiga una conciencia cada vez mayor de la propia función y una creciente dedicación a la causa del reino de Dios»[1].

Las consagradas se atreven a proponer un concepto y una experiencia de maternidad «más allá del estereotipo», una maternidad afectiva, cultural, espiritual, que incida profundamente en su desarrollo personal y en la construcción de la sociedad. Se atreven a proponer la simbología de la maternidad como paradigma para leer en profundidad y traducir en compromiso la relación con la naturaleza, con los otros, con Dios. Este «atreverse» cobra una fuerza mayor cuando es experimentado y llevado adelante junto con las mujeres laicas. Entre mujeres laicas y consagradas se establece una conexión directa de recíproca comprensión, de ayudas, de iniciativas, que en determinadas ocasiones llega a tener eco incluso en los medios de comunicación.

A modo de ejemplo voy a citar un encuentro promovido por la Unión de superioras mayores de Italia (USMI), el 8 de marzo de 1996 sobre el tema: *¿Qué quiere decir la palabra monja? Apertura de un diálogo entre las monjas italianas y el movimiento de las mujeres.* Dicho encuentro estuvo caracterizado por el diálogo directo y franco entre dos representantes del movimiento feminista laico y tres religiosas.

En el encuentro surgieron, por parte de las religiosas, algunas sugerencias provocativas y, al mismo tiempo, indicadoras de recorridos que las religiosas están ya poniendo en marcha: la profundización de la identidad femenina en vistas a una nueva comprensión de la humanidad, orquestada a dos voces (masculina y femenina); la profundización de las implicaciones de la reciprocidad en todos sus acentos (reciprocidad en-

---

1. Juan Pablo II, Exhortación apostólica *Vita consecrata*, 58.

tre hombre y mujer, reciprocidad entre mujeres, entre generaciones, entre razas y culturas); el compromiso por una formación cultural de las consagradas, sobre todo de las jóvenes, para poder participar activamente en la creación de la cultura; la recuperación de la contemplación amorosa del Señor, que es condición imprescindible para el servicio a la humanidad.

Las laicas respondieron presentando las iniciativas que están realizando y los proyectos que quieren emprender: la búsqueda de trabajo juntas (religiosas y laicas) para construir realmente una verdadera cultura de la vida; el compromiso por revalorizar el trabajo de atención y de educación con el fin de que sean reconocidos y valorados en la sociedad; la propuesta de apreciar la maternidad, incluso en su aspecto simbólico, y de asumir el poder como servicio a ejemplo de las grandes mujeres que han embellecido la vida consagrada sin dejarse enamorar por el poder.

Esto es ciertamente sólo un ejemplo, pero cada consagrada podría documentar que en otras muchas ocasiones —en las escuelas, en las parroquias, en los hospitales, en las familias, en los círculos culturales, en las conversaciones informales— se renueva la fecundidad de este encuentro dialogal, no como una experiencia episódica, sino como un momento de amistad y colaboración. El puente ha sido tendido y se puede recorrer en las dos direcciones. Habitualmente lo recorre también Jesús.

En torno a este subrayado de la identidad femenina de las consagradas, me agrada siempre destacar también que en el Sínodo sobre la Vida consagrada las mujeres presentes han insistido, no precisamente sobre las funciones que ellas deben representar en la Iglesia, sino sobre los valores testimoniales de la vida consagrada femenina: el amor a Cristo sin límites y el testimonio de su amor y ternura hacia todos, especialmente para con los más pobres y débiles. Entre todos los testimonios quiero aportar uno, el de la madre Teresa de Calcuta, que hoy saborea la eternidad: «Nuestra vida como religiosas, y sobre todo como mujeres, debe ser la de sentirse con Jesús y la de cargar sobre nosotras la sed de nuestra gente y la de todos aquellos encomendados a nuestros cuidados, de cuyo amor el mismo Jesús continúa teniendo sed. Para estar en condiciones de convertirnos en verdaderas mujeres consagradas tenemos que enamorarnos cada vez más de Jesús. Debemos dar la primacía al amor dentro de nuestra vida».

Este amor quiere convertirse en testimonio luminoso a través de la educación, la caridad, el servicio a los más pobres, la animación parroquial, el mundo de la cultura. Esta última frontera, cada vez más abierta, cada vez más llena de sentido y de fecundidad, considera a las consagradas comprometidas en un esfuerzo de preparación humana y espiritual, que mientras las realiza como personas las prepara para actuar con competencia y sabiduría. Muchas consagradas enseñan hoy en el ámbito universitario, llevan a cabo la dirección espiritual, predican ejercicios espirituales, trabajan para las conferencias episcopales, en los consejos pastorales y en otros lugares de gran responsabilidad.

He leído recientemente en un opúsculo esta frase: «Uno puede convertirse en extraño para la vida de Dios no sólo por la dureza del corazón, sino también por la ignorancia». Me ha llamado profundamente la atención y me ha convencido aún más de que el camino del compromiso cultural de las consagradas es hoy prioritario para el futuro de la misma vida consagrada (tal vez sea incluso el único). En este momento de cambio cultural es en efecto importante poseer competencias auténticas que ayuden «a dar razón de la esperanza» que hay en nosotros y a seguir el camino del diálogo humilde y sincero con el mundo de la cultura, participando así efectivamente en la construcción de un mundo en paz.

2. Comprometerse en el horizonte del ser y del implicarse

Ser e implicarse. Teniendo ante los ojos este horizonte, también pueden darse, a mi juicio, pasos importantes en el camino futuro de la vida consagrada. Y de una manera especial en ese horizonte que es *ser* «mujeres» consagradas.

Ser consagradas comporta un camino de diálogo consigo mismas, con la propia realidad de mujeres –a la vez ricas y pobres en dones– que se esfuerzan por conocer en profundidad los propios recursos de la «persona mujer», que maduran conscientemente su propia interioridad, que recorren con constancia el camino humilde de la propia verdad. Retornando a las raíces de la propia identidad de mujeres consagradas, en respuesta a los estímulos de los capítulos generales a la vez que guiadas por mujeres sencillas y sabias, las consagradas manifiestan que su elección de vida, con todo lo que significa y los compromisos que exige, es una existencia original para la plena realización de la mujer. Más aún, es cooperación fecunda e inteligente para lograr que toda persona sea fundamento de la paz, de la democracia, del desarrollo entre los pueblos.

En efecto, en la sociedad globalizada, que va haciéndose cada vez más multicultural y multirracial, sólo poniendo en el centro a la persona es posible valorar la comunión entre los individuos y los pueblos, por encima de cualquier sistema, idea o ideología; sólo destacando la centralidad de la persona es posible descubrir el verdadero significado de la relación y todo lo que el otro –no precisamente enemigo o contrincante– puede ofrecer; es posible desarrollar el paradigma de una casa común y al mismo tiempo plural; es posible salvaguardar las instancias universales de cualquier expresión cultural mediante un espíritu abierto a las diferencias y a la multiplicidad.

A esta nuestra sociedad, las mujeres laicas y consagradas ofrecen el don de la propia dignidad personal mediante la palabra y el testimonio de vida y las riquezas vinculadas a la propia vocación femenina. En esta vocación llevan el rico patrimonio de experiencia acumulado por tantas mujeres a lo largo de la historia; patrimonio a menudo cargado de elementos pesados que han relegado esta vocación a los márgenes de la vida social y eclesial; patrimonio también de aquellos valores que contribuyen a salvar lo humano: la conciencia de la limitación, la acogida, la atención, la preocupación por los demás, la compasión.

Las mujeres y las mujeres consagradas –sencillas o doctas, ancianas o jóvenes, llamadas a funciones de responsabilidad o postradas en el lecho de la enfermedad– están interiorizando un modelo nuevo de maternidad para entregarlo a las generaciones futuras. Es el modelo fundado sobre la *exigencia de relación* (que se refiere al misterio de comunión/libertad entre madre e hijo), sobre el *sentido de la limitación* (que apela a los periodos de fecundidad/esterilidad que vive toda mujer), sobre la *capacidad de conjugar dolor y gozo* que reclama la alegría de haber dado al mundo un hijo a través de los dolores del parto).

Otro aspecto de gran importancia para el futuro de toda la humanidad, que distingue hoy la reflexión de las mujeres consagradas y laicas es el replanteamiento y la profundización de la antropología cristiana entendida como antropología solidaria, que remite a la realidad de la persona humana creada a imagen de Dios, trinidad de personas en comunión. Es parte integrante de este replanteamiento el acento puesto por las consagradas en el nexo que une a la mujer con el sentido de la vida, particularmente bajo el aspecto de relación interpersonal, que es el sello impreso por la trinidad en la persona humana.

Mucho se ha dicho, discutido y compartido al respecto –aun cuando queda todavía un largo camino por recorrer para que las consagradas tomen conciencia de que pueden representar, de forma humilde pero verdadera, una presencia promotora de un humanismo fiel al proyecto de Dios, respetuoso con la dignidad de cada uno (hombre o mujer) y con todas las dimensiones de la persona– de cara a las implicaciones concretas que comportan estas reflexiones en el plano práctico. Se trata de implicaciones que inciden en todos los aspectos de la vida consagrada: desde la identidad a las funciones, a la vida comunitaria, a los votos, a la relación entre mujeres y entre mujeres y hombres, a la convivencia intergeneracional y multicultural, al ejercicio de la autoridad, a la formación.

Es urgente elaborar un discurso a «dos voces», a «más voces», dando plena ciudadanía a las mujeres y a las mujeres consagradas, porque sólo «juntos» –hombres y mujeres de toda raza y lengua, jóvenes y adultos, de cualquier país y religión– podremos elaborar aquella cultura de la persona humana que se opone a la lógica del egocentrismo y de la autosuficiencia, a dar ciudadanía a la lógica del amor y de la solidaridad. Este es el único camino para oponer a modelos de explotación y de poder modelos de gratuidad en clave de diálogo y de convivencia.

Los votos de castidad, pobreza y obediencia, descubiertos y vividos en esta clave relacional, que pone en primer plano el amor por el Señor, son una vía maestra para construir esta sociedad sana, a medida de la persona humana.

La *obediencia* se convierte en «libertad liberada con el *ethos* del amor», capacidad de decisión sana y autónoma, *ecología de la mente*, escuela de vida común que depara a cada uno el espacio que le corresponde, conciencia de los propios límites que acoge el don del otro, consciente de que cada uno posee un talento para ofrecer y para comerciar.

La *pobreza* se hace sobriedad humanizadora, dependencia responsable de la comunidad según un estilo de vida adulto, ecología de la vida que conduce al contentarse con lo necesario, a compartir los bienes materiales y espirituales, a luchar por vencer las estructuras de pecado y de muerte, a dar testimonio de la lucha contra el abuso de las cosas, de la naturaleza, de los pensamientos, del lenguaje, del amor.

La *castidad*, en la donación total a Cristo, se convierte en *ecología del corazón*, lucha gozosa y transparente contra la prostitución del cuerpo y del espíritu, maternidad espiritual abierta para recibir, para dar y para hacer crecer la vida.

Una vez visto el horizonte del *ser* resulta posible ver el horizonte del «sentirse implicado». Se trata del coraje de sumergirse en la realidad concreta de los problemas con el fin de conseguir la capacidad de saber prevenirlos –cuando es posible– y de captar las respuestas en el plano real de la acción. Se trata de hacerse cargo de los problemas implicándose en ellos con toda la intensidad de la propia vida afectiva, intelectual, volitiva, incorporada a aquella sabiduría que es el arte-virtud del momento justo. Es hacerse cargo de la vida y de la muerte, de las situaciones que requieren respeto y acogida de las diferencias, actuaciones que brotan de la dignidad y serenidad de la com-pasión.

«Estar», «sentirse implicado» para *transformar los áridos valles en un oasis* (salmo 83), expresando sobre todo lo que es «el corazón» del «genio femenino», la medida del ser mujer y mujer consagrada, el genio de la propia relación con el Señor, fuente y razón de todo amor. Ese genio que no debe apagarse nunca para conducir la vida por los caminos del tercer milenio, de modo que el humilde y valiente servicio de todas aquellas que han elegido al Señor pueda ser no sólo «semilla en la tierra», sino «lámpara sobre el candelero».

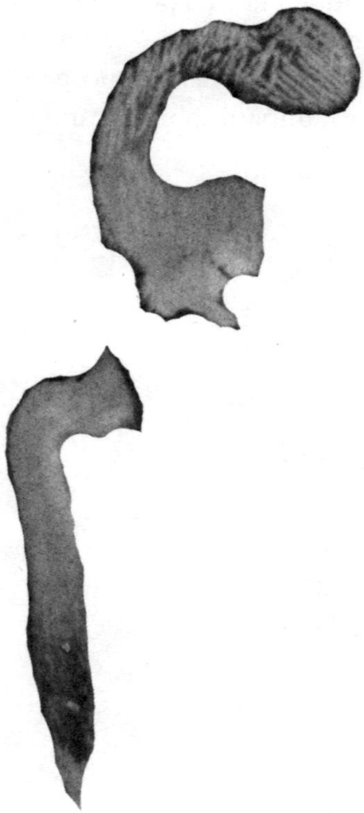

EPÍLOGO

«El futuro tiene un corazón viejo.
El corazón viejo tiene un futuro».

He recorrido este camino intentando aclarar algunos aspectos de la cuestión femenina. Lo mismo que cuando se camina por una senda en la montaña, me encuentro ahora en un punto más alto respecto al comienzo de la marcha, y puedo contemplar la amplitud del horizonte. Para captar el misterio y proyectar «más allá» mi mirada, debería seguir caminando. De ello soy consciente, pero de momento prefiero pararme para hacer balance.

¿Qué palabras de cuantas he escrito deseo dedicar a las jóvenes generaciones de mujeres? ¿Qué experiencias? Las voy a sintetizar con dos frases, que me sugiere un proverbio: «El futuro tiene un corazón viejo. El corazón viejo tiene un futuro».

Hace falta saber hablar a las jóvenes y hacerles comprender que existe un camino recorrido por las mujeres y cuál es ese camino para que ellas puedan asumirlo, tratando de continuarlo en la historia, transformarlo en experiencia de vida y proponérselo a la sociedad en su conjunto.

Este camino tiene dos elementos esenciales que podemos denominar el hilo conductor y el corazón, a saber: la preocupación por cuidar de los otros y la maternidad.

1. La preocupación por cuidar de los otros

Vanna Iori, en una espléndida intervención en el Congreso nacional de estudio, con ocasión del X aniversario de la muerte de Gianna Agostinucci Campanili, afirmó: «El cuidado de los otros es, históricamente, un elemento fundamental de la identidad femenina: *El cuidado es el vínculo que une lo femenino con la historia*. El hacerse cargo de los valores de la vida y de su centralidad, respecto a otras 'centralidades' producidas por la cultura y por el ordenamiento social masculino (como el trabajo, el poder, el éxito, la producción, las ganancias, la política, etc.), se expresa al *hacerse cargo de las personas*. El hecho de que las mujeres encuentren una identidad propia en la actividad del hacerse cargo de las personas y de las cosas, y que estos compromisos y competencias no sean reconocidos o queden con frecuencia invisibles, significa que *atender y cuidar* de los demás es un valor escasamente reconocido entre los valores apreciados de la cultura dominante machista. El mañana que debemos construir pasa, en cambio y sobre todo, por la difusión y la consolidación de la cultura de la *atención* y el *cuidado* de los otros. Es por ello necesaria una valoración de la cultura del *pre-ocuparse* de los demás como *recurso ético, político, profesional, cultural*, puesto que será de la colaboración entre la cultura de ambos géneros de donde podrá nacer una riqueza para toda la humanidad»[1].

De esta cita se pueden extraer algunas reflexiones.

En nuestra sociedad globalizada y en continuo desarrollo existen muchos indicadores que manifiestan el destierro de

---

1. Cf. V. Iori, *Costruire un futuro per donne e uomini*: Prospettiva persona 33-34 (2000) XXXI.

la «preocupación por cuidar de los otros» a la hora de hacer política y de legislar en las instituciones y en la misma cultura del trabajo. Pensemos, por ejemplo, en los problemas de la doble actividad laboral de las mujeres, en los lugares y en los horarios de trabajo que penalizan y excluyen con frecuencia a las mujeres, según la perspectiva «machista» de las estructuras económicas, políticas, financieras, mercantiles, y de las mismas instituciones hospitalarias, escolares, asistenciales (en las que tanto hombres como mujeres no son más que «números»), según la lógica competitiva y conflictiva de la gestión de los recursos...

La sociedad del «bien tener» está sustituyendo a la sociedad del «bien estar», y se hace imprescindible encontrar lo antes posible caminos de humanización. ¿Qué contribución han aportado y pueden aportar las mujeres a este respecto? Aproximándonos al patrimonio de la propia historia, las mujeres pueden ofrecer sobre todo una contribución para cambiar los modelos organizativos, hacer que se reconozcan socialmente (y, por tanto, económicamente) los *valores inherentes a la preocupación por cuidar de los otros* (que ellas han cultivado en el ámbito privado a lo largo de la historia) e introducirlos en las instituciones. Si bien es cierto que el *cuidado* y la *atención* de los demás no produce «rédito económico» —y por ello acaba siendo excluido allí donde impera por encima de todo la lógica del dinero (y eso que, en el fondo, aunque no produzca ningún rédito, es un bien económico; basta pensar en el coste de una niñera)—, genera sin embargo abundancia de significados, de vida, de solidaridad, de compasión, de humanización.

Pueden ofrecer, además, sugerencias sobre algunos pasos concretos a emprender:

El *cuidado de sí mismo*, que comporta el conocimiento y la valoración del cuerpo, de la dignidad y belleza de ser hombre o mujer; la asunción de las propias responsabilidades, capacidades y límites; el cuidado del propio desarrollo físico, intelectual, cultural.

El *cuidado del otro*, es decir, la valoración de la diferencia como riqueza, de la fecundidad del conflicto y de la reciprocidad que tiene precisamente en la reciprocidad hombre/mujer el paradigma más significativo.

El *cuidado del bien común*, es decir, la búsqueda de aspiraciones e ideales comunes y compartidos, en los cuales poder reconocerse y comprometerse; el empeño por emplear las propias energías físicas, afectivas, intelectuales, espirituales, en vistas a un bien que trasciende lo individual; los intentos por enlazar el mundo de las decisiones con el de la vida cotidiana; el empleo de recursos humanos, sociales y económicos para la educación, que es el más alto ejemplo de lo que venimos denominando como «la preocupación por cuidar de los otros».

Para concluir, nos podríamos interrogar sobre dos cuestiones: ¿Por qué las jóvenes —como demuestran la mayor parte de las encuestas en este campo— parecen «ajenas» a estas reflexiones y problemática? Juan Pablo II, nombrando a tres mujeres como patronas de Europa, subraya el valor —entre otras cosas— de su capacidad de pre-*ocuparse*: Brígida de Suecia (se preocupa de la paz y de la unidad), Catalina de Siena (se preocupa de la autoridad), Teresa Benedicta de la Cruz (se preocupa de la verdad). ¿Qué indicaciones se podrían extraer de todo ello?

2. Ser madre

Juan Pablo II, en una audiencia general pronunció las siguientes palabras: «La figura de María recuerda a las mujeres de hoy el valor de la maternidad. No siempre en el mundo actual se da a este valor el oportuno y equilibrado relieve. En algunos casos, la necesidad del trabajo femenino con el fin de atender a las crecientes necesidades de la familia y un equivocado concepto de la libertad, que ve en el cuidado de los hijos un obstáculo a la autonomía y a la posibilidad de afirmación de la mujer, han oscurecido el significado de la maternidad en favor del desarrollo de la personalidad femenina. En otros casos, por el contrario, el aspecto de la generación biológica se convierte en algo tan relevante que llega a colocar en segundo plano otras posibilidades significativas que tiene la mujer de expresar su innata vocación de ser madre»[2].

El núcleo de la maternidad –el signo que caracteriza por excelencia lo específico femenino– es una de las cuestiones sin resolver, aun cuando haya sido ampliamente discutida en la historia del feminismo. Cuestión sin resolver, ciertamente, por su complejidad, aunque también por su conexión estricta con otros *temas*, de particular relevancia en nuestra sociedad, como por ejemplo la paternidad, la familia, la educación y, con diversos *problemas*, como son, por ejemplo, la procreación *in vitro*, la clonación, la prolongación de la vida, el control de nacimientos, la maternidad a cualquier precio, el hijo por encima de todo o el hijo hecho a medida (a medida, o de la madre, o del sistema económi-

---

2. Juan Pablo II, *Discurso de la audiencia general*, en L'Osservatore Romano, 7 de diciembre de 1995, 4.

co, o del sistema social...), la mortalidad infantil... Mas no únicamente por esto; la cuestión es compleja en sí misma porque la experiencia de la maternidad se vive en una *dimensión* que comprende la sexualidad y la familia, a través de *experiencias* diversificadas que cubren un arco que va de la esterilidad al aborto, en *estructuras* diversas como hospitales y consultorios, en una sociedad en rápida transformación que ha visto cambiar en muy poco espacio de tiempo su propia jerarquía de valores.

Es compleja también en sí misma, como lo demuestra el desarrollo de la cuestión femenina respecto a la maternidad. Se pasó de la fase *beligerante* (el útero es mío y yo dispongo de él) a la fase *desencantada*, es decir, la de la maternidad como vocación absolutizante de la mujer (no queremos ser definidas por la maternidad), hasta alcanzar la fase *positiva*, que valora la *adhesión personal* de la mujer que da cuerpo a la fecundidad de la comunicación con el hombre (llegar a ser madre no es un deber impuesto y ni siquiera un papel funcional del sistema). De forma gradual se ha llegado a poner bajo sospecha la maternidad como destino, y por consiguiente su reclusión al ámbito de lo privado, con el fin de reivindicar un subjetividad femenina capaz de expresarse de modo autónomo y consciente.

De hecho, y a pesar del camino recorrido, los problemas no han sido resueltos; al contrario, no sólo persisten las dificultades del pasado sino que surgen problemas nuevos: la marginación, que en otro tiempo afectaba sólo a la mujer estéril o madre soltera, afecta hoy a la mujer con varios hijos o a la mujer sin hijos (en contextos en los que el hijo determina el valor de la madre); cada vez resulta más difícil poder compaginar el derecho-deber de la maternidad con el derecho-deber del trabajo, especialmente en los casos en los que el segundo ofrece un prestigio y un significado que sustituyen a los ofrecidos por el primero; resulta trabajoso poder mantener el ideal-tipo de la mujer «funcional» y «realizada» únicamente si es madre (mujer y maternidad han sido un binomio casi inseparable en la cultura), allí donde la función materna es exasperadamente buscada; existe una fractura entre el estatus de la mujer (derechos y deberes escritos y proclamados) y su función (derechos y deberes ejercidos), cuando ella queda desvinculada de la lógica del sistema de relación más amplio; no está en absoluto resuelto el problema de la relación madres/padres y madre/hijo adulto, especialmente allí donde se renuncia a ejercer el papel de adulto, que les corresponde a los padres, y se asume el de «compañero» o determinadas actitudes del tipo *laissez-faire*.

¿Cómo introducir a las jóvenes generaciones de mujeres en esta serie de problemas y qué indicaciones se les pueden ofrecer para profundizarlos y resolverlos?

La educación resulta siempre la vía más importante a seguir. Más aún, es la vía obligada. Jacques Delors habla de los cuatro pilares de la educación; basándome en ellos quisiera explicarlos a mi manera. Así, por *aprender a conocer* entiendo conseguir los instrumentos de la comprensión (conocer la historia de la mujer, los pasos dados, las dificultades, las cuestiones sin resolver); por *aprender a hacer* comprendo ser capaces de actuar creativamente en el propio ambiente (organizarse en equipo, dialogar, presentar las propias exigencias y los propios derechos); por *aprender a vivir juntos* considero participar y colaborar con los otros en todas las actividades humanas (poner a disposición de los demás los propios recursos, no rechazar el diálogo y la discusión, no tener miedo a implicarse o dar la cara); por *aprender a ser* interpreto empeñarse en madurar plenamente: espíritu y cuerpo, inteligencia, sensibilidad, sentido estético, responsabilidad personal y valores espirituales[3].

Las etapas de este camino no se acaban nunca, siguen interpelando siempre a educadoras y jóvenes, madres e hijas, sobre todo en la sociedad actual. Debemos ser capaces de creernos este principio y recorrer «juntas» y gozosamente cada una de las etapas.

---

3. Cf. J. Delors, *I quattro pilastri dell'educazione*: Docete 53 (1998) 6, 271-280.

BIBLIOGRAFÍA DE LA AUTORA SOBRE EL TEMA DE LA MUJER

—*Linee orientative per uno studio sulla condizione della donna nella società contemporanea*, en AA.VV., *L'impegno della Famiglia Salesiana per la giustizia*, Elle Di Ci, Torino-Leumann 1976, 198-219.

—*Le istanze del mondo d'oggi. Il ruolo della donna*, en A. Pedrini (ed.), *La Madonna dei tempi difficili*, LAS, Roma 1980, 17-35.

—*Giovani donne tra conformismo e utopia*: Rivista di scienze dell'educazione 22 (1984) 2/ 246-249.

—*Giovani donne disoccupate di fronte alla disoccupazione. Ricerca sociologica realizzata su un campione di giovani donne italiane*, en M. Midali-C. Semeraro (eds.), *Disoccupazione giovanile in Europa. Problemi educativi e tentativi di soluzione*, Elle Di Ci, Torino-Leumann 1986, 77-91.

—*Reciprocidad hombre-mujer. Indicaciones para un análisis de la situación con miras a la coeducación*: Misión Joven 119 (1986) 5-14.

—*Quale spazio in futuro per la donna nella chiesa*: Vita Pastorale 75 (1986) 2/ 18-21.

—*Essere giovane donna cristiana oggi. Risultato di una ricerca empirica*, en R. Tonelli (ed.), *Essere cristiani oggi*, LAS, Roma, 1986, 225-241.

BIBLIOGRAFÍA

–*Donna oggi: quale spazio, quale apporto?*: Se Vuoi 28 (1987) 3/ 5-13.
–*Le giovani di oggi di fronte alla vocazione*: Vocazioni 4 (1987) 5/ 5-9.
–*Reciprocità uomo/donna. Indicazioni per un'analisi sociologica della situazione in vista della coeducazione*, en AA.VV., *Coeducazione*, Conferenza Interispettiorale Italiana (CII) 1988, 51-62.
–*Un contributo all'approfondimento della «questione donna». L'iter del femminismo italiano nel pensiero di Vilma Preti*: Rivista di Scienze dell'Educazione 26 (1988) 187-214.
–*Giovani donne oggi: quale situazione?*, en Centro Nazionale Vocazioni, *Donna oggi: quale proposta vocazionale?*, Rogate, Roma, 1988, 51-70.
–*Di fronte alla questione femminile*: Consacrazione e servizio 39 (1990) 4/ 35-52.
–*Le religiose di fronte alla questione femminile*, en AA.VV., *La donna religiosa in una chiesa comune. V Convegno del Claretiarum*, Rogate, Roma 1990, 45-67.
–E. Rosanna-M. T. Spiga-E. Cusi-G. Lanzani-I. Plazio-A. D. Rangel, *La questione femminile in Italia. Uno strumento di ricerca sociologica sul campo*: Rivista di Scienze dell'Educazione 29 (1991) 249-264.
–*Sulla «questione femminile». Spunti di riflessione in margine al Capitolo Generale delle FMA*: Consacrazione e Servizio 40 (1991) 9/ 55-60.
–E. Rosanna-B. Lazar, *Le religiose di fronte alla «questione femminile». Proposta di uno strumento di ricerca sul campo*: Rivista di Scienze dell'Educazione 31 (1993) 1/ 101-118.
–*Reciprocità uomo-donna. Indicazioni per un'analisi sociologica della situazione in vista della coeducazione*, en C. Seme-

raro (ed.), *Coeducazione e presenza salesiana. Problemi e prospettive*, Elle Di Ci, Torino-Leumann 1993, 45-56.
– E. Rosanna-M. Chiaia (ed.), *Le donne per una cultura della vita. Rilettura della Mulieris dignitatem a cinque anni dalla sua pubblicazione*, LAS, Roma 1994.
– E. Rosanna-G. Niro, *La maestra delle novizie di fronte alle nuove istanze formative. Approccio interdisciplinare ad una identità complessa*, LAS, Roma 1994.
– *La donna consacrata al Sinodo*, en AA.VV., *Crescere insieme in comunità*, Rogate, Roma 1995, 81-86.
– *La donna consacrata*, en CISM-USMI, *Il Sinodo dei Vescovi sulla Vita Consacrata*, Rogate, Roma 1995, 85-89.
– *Il dibattito sinodale sulla vita consacrata femminile*: Informationes SCRIS 21 (1995) 209-227.
– E. Rosanna-M. Gannon, *Bibliografia sull'educazione della donna. Pubblicazioni europee nel decennio 1985-1994: da Nairobi a Pechino*: Rivista di Scienze dell'Educazione 33 (1995) 287-308.
– *Annotazioni in margine alla recente riflessione ecclesiale sulla «Questione femminile»*: Rivista di Scienze dell'Educazione 33 (1995) 469-474.
– E. Rosanna-P. del Core (eds.), *Cammini formativi per una profezia della vita religiosa femminile*, LAS, Roma 1995.
– *Le donne consacrate*, en L'Osservatore Romano, 7-8 de junio de 1996.
– *Le giovani di fronte alla vita religiosa*, en E. Rosanna-P. del Core (eds.), *La vita religiosa alle soglie del duemila. Verso quali modelli formativi?*, LAS, Roma 1997, 75-80.
– *Donna e umanizzazione della cultura alle soglie del terzo millennio. La vita dell'educazione*: Rivista di Scienze dell'Educazione 35 (1997) 3/ 441-452.

–E. Rosanna-P. Cavaglia-A. Chang-A. Farina, *Donna e umanizzazione della cultura alle soglie del terzo millennio. La via dell'educazione*, LAS, Roma 1998.
–*Prefazione*, en AA.VV., *La donna: memoria e attualità. Una lettura secondo l'antropologia, la teologia e la bioetica* I, Editrice Vaticana, Città del Vaticano 1999, 11-19.
–*Il genio della donna a servizio della vita*, en AA.VV., *Fede di studioso e obbedienza di pastore*, Atti del Convegno sul 50° del Dottorato di K. Wojtila e del 20° del Pontificato di Giovanni Paolo II, Millennium Romae, Roma 1999, 167-189.
–*Problemi e risorse della questione femminile*, en F. Garelli-M. Simone (eds.), *Quale società civile per l'Italia di domani? Atti della 43.a Settimana sociale dei cattolici italiani*, Il Mulino, Bologna 2000, 87-110.
–*Viaggio intorno ai modelli di vita consacrata femminile. Tra passato e futuro*, en AA.VV., *I volti della vita consacrata*, (Supplemento, n. 2, febrero de 2001, de Consacrazione e Servizio), Centro Studi USMI, Roma 2001, 7-16.
–*A contribuçao da mulher FMA e leigas para uma educaçao à reprocidade na Famìlia Salesiana*, en AA.VV., *Um camino pastoral de educaçao escolar* II, CCTA, Lorena-Sâo Paulo 2001, 187-202.
–*Il dono di essere donna*: Bollettino UISG (2002).